中国地质大学(武汉)2016本科教学工程项目
旅游管理专业秦皇岛实践教学改革建设方案(G1320311612)
智慧旅游应用型人才培养模式研究(G1320311656)
中国地质大学(武汉)工商管理学科培育计划(2015—2018)(162301124811)

北戴河旅游实习教程

Beidaihe Lüyou Shixi Jiaocheng

主　编　李会琴

副主编　王　林　肖拥军　李江敏
　　　　鄢志武　唐嘉耀

中国地质大学出版社
ZHONGGUO DIZHI DAXUE CHUBANSHE

图书在版编目(CIP)数据

北戴河旅游实习教程/李会琴主编. —武汉:中国地质大学出版社,2016.12
ISBN 978-7-5625-3921-6

Ⅰ.①北…
Ⅱ.①李…
Ⅲ.①北戴河-旅游指南
Ⅳ.①K928.922.3

中国版本图书馆 CIP 数据核字(2016)第 257491 号

北戴河旅游实习教程	主　编　李会琴
	副主编　王　林　肖拥军　李江敏
	鄢志武　唐嘉耀

责任编辑:阎　娟	责任校对:张咏梅
出版发行:中国地质大学出版社(武汉市洪山区鲁磨路388号)	邮政编码:430074
电　　话:(027)67883511　　　传真:67883580	E-mail:cbb@cug.edu.cn
经　　销:全国新华书店	http://www.cugp.cug.edu.cn
开本:787毫米×1092毫米 1/16	字数:291千字　　印张:11.5
版次:2016年12月第1版	印次:2016年12月第1次印刷
印刷:武汉市中远印务有限公司	印数:1—2000册
ISBN 978-7-5625-3921-6	定价:38.00元

如有印装质量问题请与印刷厂联系调换

《北戴河旅游实习教程》

编委会

主　　编：李会琴

副 主 编：王　林　　肖拥军　　李江敏
　　　　　鄢志武　　唐嘉耀

参编人员：梁玥琳　　柴海燕　　庄小丽
　　　　　张俊霞　　夏　峰　　姜　涛
　　　　　李　丹　　姬程文　　徐　宁
　　　　　宋慧冰

序

"大雨落幽燕,白浪滔天,秦皇岛外打渔船。一片汪洋都不见,知向谁边?往事越千年,魏武挥鞭,东临碣石有遗篇。萧瑟秋风今又是,换了人间。"当人们吟诵起毛泽东这首脍炙人口的《浪淘沙·北戴河》时,眼前浮现的是北戴河水天一色、波涛汹涌的壮观场面。北戴河,这座驰名中外的旅游城市,以其碧蓝的大海、凉爽的气候、漫长的海岸线,成为中外游客向往的旅游胜地。

北戴河是我国滨海避暑度假的发源地。早在1898年(清光绪二十四年),清政府正式宣布北戴河为避暑区。20世纪初,中国第一张旅游招贴画出自北戴河。1917年,中国第一条旅游铁路专线——北戴河火车站至海滨铁路支线开通运营。1921年,北京与北戴河海滨之间开辟了中国第一条旅游航线。1925年出版的《北戴河海滨志略》是中国早期的优秀旅游导游书。1936年,中国第一个19孔高尔夫球场在北戴河建成。正是因为旅游发展史上的诸多"第一"均发源于此,北戴河被誉为中国近现代旅游业发展的摇篮,在旅游发展史上具有十分重要的地位。

培养"知行合一"实践能力强的高层次旅游人才,是时代赋予旅游高等教育的历史使命,也是旅游教育应担负的时代责任。加强实践教学是培养高层次旅游人才的有效途径。重视实践教学,突出学生综合能力的培养一直是中国地质大学(武汉)的优良传统。1953年,中国地质大学的前身,原"北京地质学院",就在秦皇岛地区开展了野外教学活动。1978年,原"武汉地质学院"正式选定北戴河作为地质认识实习基地。1984年,中国地质大学北戴河(秦皇岛)教学实习基地在山东堡海滨正式建立,迄今已有30余年的历史。北戴河地区旅游资源类型丰富,旅游特色明显,旅游产业发育成熟,是旅游实践教学不可多得的优秀实习场所。籍于此,中国地质大学(武汉)旅游系依托北戴河实习站,自1995年开始就在北戴河地区开展野外实践教学,实习线路与教学内容从旅游地质、旅游资源认知逐渐向旅游资源分类与开发、旅游资源形成的地学背景、景区设计与管理、导游组团与讲解、游客市场分析、旅游产品设计、智慧旅游认知等综合实习内容扩充、渗透,形成了较为完善的教学内容体系与多样化的教学方法,对培养综合型旅游人才发挥了非常重要的作用。

本书的编写正是多年实践教学成果的总结,凝聚了中国地质大学(武汉)旅游系几代人的集体智慧与汗水。在实习初期,时任旅游系主任的辛建荣教授自筹资金组织编写了《秦皇岛旅游实习指导书》等内部教材。2016年,旅游系承担了中国地质大学(武汉)本科教学工程项目"旅游管理专业秦皇岛实践教学改革建设方案"。依托该项目,旅游系全体教师对北戴河旅游资源进行了全面、深度考察,总结多年来旅游实习经验,并结合当前旅游发展热点和教学需求,重新调整、完善了相关实习线路,查阅大量文献资料,拍摄了丰富的旅游景观照片,最终完成了《北戴河旅游实习教程》的编撰工作。

全书共九章,包括实习内容与目的、实习组织和考核、秦皇岛概况、区域地质环境、实习区旅游资源、实习线路与教学内容、旅游市场调研、旅游产品开发与精华线路设计、景区讲解方法与技巧等。全书由李会琴副教授设计并统编,其中第四章、第五章线路六、第九章由李会琴副教授编写;第一章、第二章、第五章线路四由肖拥军副教授编写;第三章由鄢志武教授编写;第五章线路一、二、三由梁玥琳副教授编写;第六章由柴海燕副教授编写;第七章、第八章、第五章线路五由李江敏副教授编写。线路中旅游资源的地学知识由唐嘉耀副教授、鄢志武教授执笔。王林副教授、庄小丽副教授等在线路考察和内容编撰上提出了许多有益的建议。旅游管理专业的研究生李丹、徐宁、姬程文、宋慧冰参与了本书的制图和资料收集工作。

本书的出版得到了中国地质大学(武汉)副校长赖旭龙教授,教务处殷坤龙处长、吕占峰副处长、庞岚副处长、龚伍军科长的大力支持。同时编者还要感谢以下单位和个人:秦皇岛市旅游委员会为本书编写提供了丰富的资料和数据;北戴河教学实习站刘爱民站长对每年的实习均给与了大力的支持和细心的安排;湖北省高校摄影学会秘书长夏峰先生、《秦皇岛晚报》姜涛先生为本书提供了精美照片;中国地质大学旅游发展研究院院长严良教授、经济管理学院院长杨树旺教授、余敬教授、郭锐教授等对本书也给予了关心和支持。

编者对为本书出版、编辑付出辛勤劳动的同志致以衷心的感谢。

由于作者水平有限,书中难免存在不足或错误之处,敬请广大同行和读者批评指正,便于本书再版时能够得到进一步的提高和完善。

编 者

2016年10月10日

目录

第一章 绪言 ………………………………………………………………………… (1)
    一、北戴河旅游教学实习历史沿革 ………………………………………………… (1)
    二、实习目的、内容、要求 …………………………………………………………… (3)
    三、旅游野外实习注意事项 ………………………………………………………… (5)
    四、实习纪律 ………………………………………………………………………… (6)

第二章 秦皇岛概况 ………………………………………………………………… (7)
    一、秦皇岛地名由来 ………………………………………………………………… (7)
    二、地理环境 ………………………………………………………………………… (7)
    三、自然资源 ………………………………………………………………………… (10)
    四、经济发展 ………………………………………………………………………… (13)
    五、旅游发展概况 …………………………………………………………………… (14)

第三章 区域地质概况 ……………………………………………………………… (21)
    一、地质概述 ………………………………………………………………………… (21)
    二、地层 ……………………………………………………………………………… (21)
    三、岩浆岩与变质岩 ………………………………………………………………… (28)
    四、地质构造 ………………………………………………………………………… (32)
    五、区域地质发展简史 ……………………………………………………………… (34)
    六、北戴河主要景观的地质背景浅析 ……………………………………………… (35)
    七、柳江国家地质公园概述 ………………………………………………………… (37)

第四章 实习区旅游资源 …………………………………………………………… (39)
    一、旅游资源分类 …………………………………………………………………… (39)
    二、旅游资源评价 …………………………………………………………………… (51)

第五章　实习线路与教学内容 …………………………………………………… (56)

　　一、线路一：滨海山地旅游教学线路 ………………………………………… (56)

　　二、线路二：长城文化专题教学线路 ………………………………………… (69)

　　三、线路三：滨海休闲与旅游商品教学线路 ………………………………… (82)

　　四、线路四：山水地质地貌旅游教学线路 …………………………………… (89)

　　五、线路五：沙质海岸体验旅游教学线路 …………………………………… (106)

　　六、线路六：古长城遗址保护开发教学线路 ………………………………… (111)

第六章　旅游市场调研 ……………………………………………………………… (125)

　　一、旅游市场调查方法 ………………………………………………………… (125)

　　二、问卷设计、问卷调查与市场分析 ………………………………………… (126)

第七章　旅游产品开发及精华线路设计 ………………………………………… (131)

　　一、旅游产品设计概述 ………………………………………………………… (131)

　　二、秦皇岛精品旅游线路 ……………………………………………………… (137)

第八章　景区讲解方法与技巧 …………………………………………………… (142)

　　一、讲解辞创作方法 …………………………………………………………… (142)

　　二、景区讲解的基本方法 ……………………………………………………… (150)

　　三、景区讲解技巧培养 ………………………………………………………… (156)

第九章　实习组织与报告编写 …………………………………………………… (160)

　　一、实习组织与程序 …………………………………………………………… (160)

　　二、实习成绩的评定 …………………………………………………………… (162)

　　三、实习报告格式规范 ………………………………………………………… (162)

参考文献 …………………………………………………………………………… (163)

附一　旅游资源分类表（GB/T 18972—2003） ……………………………… (164)

附二　秦皇岛游客调查问卷 ……………………………………………………… (166)

附三　北戴河旅游实习报告 ……………………………………………………… (168)

附四　北戴河旅游实习照片 ……………………………………………………… (170)

附图一　秦皇岛主要景区分布图 ………………………………………………… (172)

附图二　秦皇岛旅游实习点分布图 ……………………………………………… (173)

第一章 绪 言

一、北戴河旅游教学实习历史沿革

(一)北戴河实习站的建立

中国地质大学北戴河实习站(图 1-1),又名"秦皇岛实习站",位于河北省秦皇岛市北戴河海滨与海港区之间的山东堡村,距离山东堡海滨约 400m。1953 年,原北京地质学院在秦皇岛地区开展野外教学活动,1964 年在高元贵院长的批示下,原北京地质学院"普地教研室"考察后,认为北戴河地区存在发育典型的外动力地质现象,拟建立海洋地质作用为主的实习基地。1978 年,经过时任武汉地质学院副院长的池际

图 1-1 中国地质大学北戴河实习基地掠影(李会琴 摄,2016)

尚教授提议,正式选定北戴河作为中国地质大学地质认识实习基地。当年,中国地质大学教务处组织地质系"普地教研室"的老师们进行集体备课,并自 1979 年开始,北戴河实习站成为武汉地质学院的定点野外教学基地。1984 年,原武汉地质学院购买了北戴河海滨区山东堡村一片荒沙滩地,并铺设沙土路面,建成了三排平房和活动板房,成为固定实习基地。1994 年中国地质大学武汉、北京两地联合,扩大了北戴河实习基地的土地规模,并通过联合办学方式逐渐修建了综合楼、女生楼、教学楼、食堂和操场等一系列教学和生活设施,实习基地的规模、学习和生活条件得到很大改善。

北戴河实习基地毗邻渤海,位于华北板块燕山褶皱带东段,东临太平洋板块,区内出露有相对较全的华北型地层,三大岩类和构造现象丰富,30 亿年地质过程记录尽显地表。中生代以来岩浆活动和构造活动频繁,尤其新构造与现代地质作用明显,第四纪以来的河流、海洋地质作用现象典型,可供地学类及相关专业地质进行认知实习,是学生进行地质科学的"入门教学、兴趣教学、专业教学与爱国主义教育"的最佳去处。同时,北戴河地区还有丰富的人文历史、地理、旅游、生态和环境资源,也是国内外著名的避暑、旅游度假胜地和国家地质公园,是进行旅游地学现场教学的理想场所(图 1-2)。

图 1-2　实习站附近山东堡海滩(姜涛 摄,2014)

2008 年北戴河实习基地建成国家地质学理科基地野外实践教学基地后,与西北大学的秦岭基地、南京大学的巢湖基地开展了相互交流实习,同时向国内外高校开放。

(二)北戴河旅游教学实习基地的建立

中国地质大学(武汉)旅游管理专业于1994年成立,脱胎于原地质系,招收旅游管理专科生;1995年根据学校院系调整,并入原人文与管理学院,并从当年开始,依托秦皇岛教学实习站,设立了旅游教学实习基地,开展以旅游地学为主要内容的旅游野外教学实习;1998年旅游管理专业开始招收本科生,从1998级学生开始,逐步丰富了教学实习的内涵,以地学旅游资源的认知为主,逐步向旅游资源演化、分类、评价、旅游景区规划、旅游市场、旅游产品设计等专业内容纵深拓展。在教学实习的实践过程中,逐步丰富实习内容,规范实习过程,并编写了《秦皇岛旅游实习指导书》等内部教材,有效地提升了实习效果。

自1995年开始,北戴河旅游教学实习一直是中国地质大学(武汉)旅游管理专业本科生的一门必修课。将北戴河实习站作为旅游管理专业的实习基地,既传承了地大优良传统,也是旅游管理专业教学的不二选择。其原因在于:一是秦皇岛地区拥有海洋、基岩海岸、沙质海岸、河流入海口、平原、丘陵、山地等一系列典型的地质遗迹和地质旅游资源;二是北戴河作为一个典型的滨海旅游城市,是中国近现代旅游业的摇篮,是拥有"中国夏都"之称的度假胜地,其旅游资源十分富聚,旅游市场及旅游业充分发育,各类旅游要素空间分布十分齐全,是旅游管理专业开展教学实习不可多得的一块宝地。

二、实习目的、内容、要求

(一)实习目的

北戴河旅游教学实习是旅游管理专业本科生的一门必修课,通过对典型旅游地的考察、参观、撰写实习报告等形式,使学生对旅游资源、旅游环境、旅游企业和旅游设施等有基本的感性认识,以增强学生对专业知识学习的积极性,激发学生学习热情与爱国情感,提高学生发现问题、分析问题、解决旅游实际问题的综合能力。具体而言,通过实习达到如下目的:

(1)认识自然旅游资源形成的地学背景,掌握旅游资源的成因、演化规律,及其与现代旅游需求相适应的美学特征。

(2)考察人文历史遗迹,了解其中的文化内涵,如碣石文化、宗教文化、长城文化等,理解秦皇岛深厚的文化底蕴,初步掌握文化旅游资源的开发及保护方法。

(3)熟悉旅游资源的分类标准,并通过实地考察,掌握旅游资源分类及评价的基本操作方法和程序。

(4)熟悉滨海旅游城市,特别是滨海度假胜地旅游业发展特征。

(5)熟悉典型旅游地的现代旅游业构成的四大支柱——旅游交通、旅游饭店、旅行社、旅游信息平台或媒介,理解它在现代旅游业中的作用与功能。

(6) 认识旅游景区、旅游线路规划与设计的基本原理和实践成果。

(7) 熟练多种导游讲解方法，并能够对景区（点）进行现场导游讲解。

(8) 掌握旅游市场调查及旅游产品设计的方法，熟悉问卷设计、市场调研和访谈的基本方法。

(9) 了解旅游产业的新业态，特别是智慧旅游发展的现状和趋势。

（二）实习内容

1. 旅游资源的认知与学习（自然旅游资源及人文旅游资源）

秦皇岛市自然旅游资源主要包括山岳型资源、滨海旅游资源、森林、水库、河流、湖泊、瀑布、天象与气候等类型，人文旅游资源包括古遗址（孤竹国遗址、碣石、长城）、建筑与设施、历史文化、宗教文化等。学生通过现场考察，对旅游资源的特征、成因、演化进行描述，并结合室内教学，采用专业分类标准对秦皇岛旅游资源进行分类与评价。

2. 旅游地学认知与学习

旅游地学认知与学习主要包括地质现象与地质遗迹等的认知与调研。如柳江盆地、花岗岩、火山岩、海岸地貌、海蚀地貌、河流河谷、溶洞等旅游资源形成的地学原因及其旅游开发意义，明确旅游资源形成的地学原因。

3. 滨海型旅游城市旅游业发展的认知

滨海型旅游城市旅游业发展的认知内容包括：了解旅游业在当地经济中的地位，旅游从业人员的种类、方式、收入，旅游业对当地经济发展的促进作用；理解旅游业的经济效应、社会效益和环境效应；观察旅游接待设施、服务设施的布局、设计与特点，旅游产业链的延伸等。

4. 秦皇岛旅游市场特征

作为北方典型的旅游城市，秦皇岛旅游市场开发历史悠久。通过市场调研，学生需掌握旅游市场分析的基本方法，认识秦皇岛市国际、国内旅游市场的特点，并提出开拓旅游市场的策略。

5. 景区导游服务技巧

景区导游服务技巧实习内容包括：在实习准备阶段，结合旅游线路，学生创作导游辞；实习期间学生运用多种导游讲解方法进行现场导游讲解；通过对班级旅游活动的组织，熟悉景区导游带团过程。

6. 智慧旅游发展认知

随着智慧旅游时代的到来，秦皇岛作为一个成熟的滨海旅游城市，智慧旅游的发展具有较强的参考性。实习中认真观察、体验智慧景区管理、智慧讲解等建设，同时考察旅游电商、信息平台、APP及自媒体等在旅游业运作过程中的基本作用。

(三)实习要求

(1)带队教师团队须具备旅游地学、旅游规划、旅游市场等相关知识,能指导学生考察实习区自然旅游资源和人文旅游资源,能指导学生进行线路规划、讲解,能指导学生进行旅游市场调研,并在校内实习动员时告知学生基本实习线路安排。

(2)主讲教师提前一周到达实习站进行备课,能根据教学需要,精选实习路线和调整实习内容,提前准备野外考察教案和室内教学教案。

(3)辅助教师至少提前一天到达实习站,协助实习站管理人员安排好学生住宿、饮食、用车等事项。

(4)学生提前一天到达实习站,并能尽快根据教师讲授、实习指导书和网络资讯熟悉第二天实习内容,提前做好知识准备,以增强实习的主动性和提高教学效果。

(5)学生在实习过程中,要按照带队教师要求认真做好野外考察记录,并在回到实习基地后每天进行整理。

(6)学生按照教学日程安排,在教师指导下设计市场调查问卷或访谈提纲,并分组进行游客调查和企业访谈。

(7)学生按照教学日程安排,在实习基地认真完成实习报告,并在实习结束前提交教师审阅。

三、旅游野外实习注意事项

北戴河旅游教学实习是低年级本科生的第一次校外实习,且实习线路大多在野外,实习师生应谨记"安全第一"的原则,注意防灾害、防意外伤害、防掉队迷路、防暑防晒、防受伤、防突发疾病、防食物中毒等,以保障人身安全及实习的顺利进行。

(1)实习过程中,学生须紧跟带队老师及实习队伍,不要单独到远离实习团队的地方过多停留;分组考察、调研过程中,要以3～6人为一个实习小组,相互协作,完成实习任务。

(2)在实习聚散的每一个节点,要相互提醒携带好随身物品。如下车时,带队教师要提醒学生注意停车地点、集合地点、车辆颜色及车牌号。

(3)如在河谷、溪流、山地等考察地遇雨天,要注意观察水位变化,防范高坡落石、泥石流等。

(4)不深入山间灌木丛、草丛等,以免被蛇、毒虫咬伤或被野蜂蜇伤。

(5)不采摘品尝山间野果野菜,不直接饮用山间泉水以及河湖之水;对于观光果园的水果等,要注意洗净后食用。

(6)观测、亲近基岩海岸时,要充分注意附着于岩石上的牡蛎、紫贻贝、藤壶等,以免被其锋利的外壳割伤。

(7)本地区的山景旅游区出露岩石多为风化的花岗岩体,其表面颗粒粗糙且质地坚硬,攀爬时要注意避免擦伤。

(8)实习是在暑期高温时期进行,实习过程中要注意防暑防晒,如遇有中暑迹象,要尽快寻找阴凉通风处休息。

(9)实习中要注意文明礼貌,要充分了解当地风俗民情和当地居民语言习惯,避免因误解而引起的冲突。

(10)实习中要携带身份证和学生证,认真保管好自己的各类证件和贵重物品。

四、实习纪律

实习是高校教学内容的重要组成部分,是贯彻理论联系实际和培养学生分析、解决实际问题能力的重要途径。本次实习是旅游管理专业学生认识和接触旅游资源、旅游市场、旅游环境的重要环节,为保证实习任务的顺利完成,特作如下规定。

(1)按照北戴河实习的要求,认真完成实习全过程,不得无故旷课。凡无故不参加实习者,每天按旷课4学时计,超过三天,以不及格论处;旷课超过一周将报请学校按自动退学处理。特殊情况由带队教师酌情处理。

(2)学生实习期间必须将每天的实习内容、观察分析结果及时记入野外记录簿,晚上及时进行整理、补充,在规定时间内将野外记录簿及实习报告提交给带队教师审阅。

(3)不参加实习或实习成绩不及格者,根据教学计划安排,下一年度进行重修,如不能重修合格并得到相应学分,将不能毕业。

(4)有下列情形之一者,实习成绩视为不及格:

①不遵守实习基地的规章制度,对实习基地和学校造成不良影响者;

②未经批准私自离开实习基地者;

③未提交野外记录簿和实习报告者;

④不遵守纪律,打架、酗酒者;

⑤未经批准擅自下海游泳者;

⑥有其他违反校纪校规行为并造成不良影响者。

(5)现场实习表现、野外记录簿及实习报告均达到优秀等级者,实习成绩记为"优秀",并由实习站和学院颁发"优秀实习生"荣誉证书。

第二章 秦皇岛概况

一、秦皇岛地名由来

秦皇岛简称秦,又称港城,是我国唯一一座因皇帝名号而得名的城市。公元前215年,始皇帝秦始皇东巡至此,派燕人卢生入海求仙,刻《碣石门辞》,秦皇岛由此得名。

考古发现,秦皇岛之名的起源地是指今海港区东山,这是一座由风化花岗岩组成的剥蚀性残山,海拔20余米,方圆不足$1km^2$。今天与陆地连在一起的东山,在200多年前,还是一座名副其实的岛屿,直到19世纪末,随着港口的建设,岛屿才与陆地相连,成为大陆的一部分。

文献记载中,秦皇岛之名最早见于明英宗天顺五年(公元1461年)杨琚《秦皇岛》一诗,其中有"古殿远连云缥缈,荒台俯瞰水潆洄"之句。明弘治十四年(公元1501年)《永平府志》中有关于秦皇岛的记述:"秦皇岛在抚宁县东七十里,有山在海中,世传秦始皇求仙驻跸于此。"万历年间,蒋一葵在《长安客话》中记述得更为详细:"关(山海关)南六里有孤山,屹然独立于海上,四面皆水,俗呼秦皇岛……俗传秦皇至此山见荆,愕然曰:'此里师授吾句读时所用朴也。'下马拜,荆皆垂首向地,如顿伏状,至今犹然。石上有秦皇下马迹,因名秦皇山。"之后,地方史志和文人诗作中多有记述。到清代,又有秦王岛之说。秦王岛之名最早见于康熙八年《抚宁县志》,其中有"秦王岛误秦皇岛,在县东七十里,四面皆水,惟岛居中,唐太宗征高丽驻跸于此,岛上荆条伏生。相传秦王下拜,伏"。秦王岛之名传说与李世民征高丽回师途中经此地有关。至此之后,一直到民国年间,地方史志和文人诗作中,则将秦皇岛与秦王岛并用。

1984年以来,考古工作者和地方史志工作者先后在辽宁省绥中县万家乡墙子里和秦皇岛北戴河金山嘴,发现并挖掘出规模宏大的秦代行宫遗址。秦代行宫遗址的发掘,既证实了秦始皇统一中国后,为稳定东部的统一局面,曾东巡碣石亲临秦皇岛一带,同时为秦皇岛之名的由来提供了确凿的依据。

二、地理环境

(一)地理区位

秦皇岛位于河北省东北部,北纬39°24′—40°37′,东经118°33′—119°51′。南临渤海,北依燕山,东接辽宁省葫芦岛市,西接唐山,距北京265km,距天津218km。秦皇岛位于最具发展潜力的环渤海经济圈中心地带,是东北与华北两大经济区的结合部。秦皇岛市辖北戴河、山海关、海港区、抚宁4个市辖区和昌黎、卢龙、青龙满族自治县3个县(图2-1),总面积7812.4km²。2015年,全市总人口307.32万。秦皇岛有汉族、满族、回族、朝鲜族、蒙古族、壮族等42个民族,少数民族人口主要集中在青龙满族自治县,抚宁区西河南村是河北省唯一的朝鲜族聚居村。

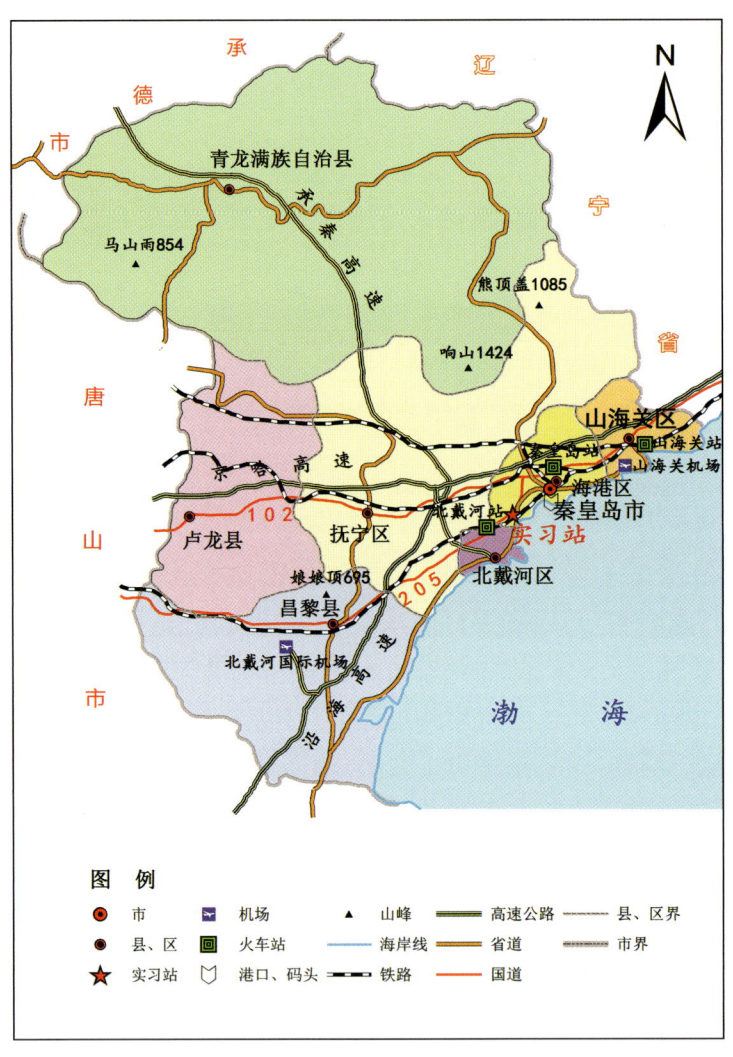

图2-1 秦皇岛市区位图

秦皇岛是全国综合交通枢纽城市,京哈高速公路、沿海高速公路、承秦高速公路、102国道、205国道贯穿全境。秦皇岛"大"字形高速公路网及"三纵六横九条线"的公路主骨架逐步形成,为构建"1小时经济圈"奠定了基础。"大"字形高速公路网由京沈高速公路、沿海高速及承秦高速公路、北戴河连接线构成;"三纵"即秦青线、青乐线、蛇刘线;"六横"即京建线、凉龙线、三抚线、102国道、205国道、沿海公路;"九条线"是路网骨架的补充,主要有:青龙连接线、双牛线、山海关连接线、出海路复线、京沈高速开发区连接线、南南线、抚留线、卢昌线、燕新线。

秦皇岛铁路发达,秦沈客运专线、京哈铁路、津山铁路、大秦铁路、津秦客运专线5条铁路干线穿境而过。火车站有秦皇岛站、北戴河站、山海关站、昌黎站、卢龙站、抚宁站、卢龙南站(预留)。

航空方面,山海关机场为军民合用机场,建设标准为4D级,距秦皇岛市海港区约12.6km,据山海关区约5km,投入运营以来先后曾通达广州、上海、北京、石家庄、大连等40多座城市,已开通12条航线。北戴河机场为旅游支线机场,机场位于昌黎县晒甲坨村南,占地2346亩(1亩=666.67m^2),距秦皇岛市区47km,距北戴河海滨约34km,距北戴河新区约20km,建设标准4D级。可满足B767等D类以下飞机的起降条件,可同时停放B737等C类飞机3架、B767等D类飞机1架;年设计能力旅客吞吐量为50万人次、货邮吞吐量为1200t、飞机起降5780架次、高峰小时旅客吞吐量508人次。

秦皇岛港是我国北方著名的不冻港。这里海岸曲折,港阔水深,风平浪静,泥沙淤积很少,万吨货轮可自由出入。秦皇岛港是世界第一大能源输出港,是我国"北煤南运"大通道的主枢纽港,担负着我国南方"八省一市"的煤炭供应,占全国沿海港口下水煤炭的50%。

(二)地形地貌

秦皇岛市位于燕山山脉东段丘陵地区与山前平原地带,地势北高南低,形成北部山区—低山丘陵区—山间盆地区—冲积平原区—沿海区。

北部山区位于秦皇岛市青龙满族自治县境内,海拔在1000m以上的山峰有都山、祖山等4座。

低山丘陵区主要为北部的山间丘陵区,海拔一般在100~200m之间,集中分布于卢龙县和抚宁区。该区是秦皇岛甘薯、旱粮及工矿区。山间盆地区位于秦皇岛市西北和北部区域的抚宁、燕河营、柳江3处较大盆地,该区是粮食作物的主产区。

冲积平原区,主要在海拔0~20m区域,分布在抚宁区和昌黎县。沿海区,主要分布在城市4区和昌黎县,是秦皇岛市重要沿海旅游资源分布区,有山海关、北戴河、南戴河等独特的自然和人文景观,是中国著名的避暑胜地。

(三)气候类型

秦皇岛市地处中纬度地带,属暖温带半湿润海岸带大陆性季风型气候区,由于受海洋影响,具有四季分明、冬季冷而干燥、夏季潮湿凉爽、春秋温暖适中的特点。全市各地年降水量650~700mm,比处于同一纬度的西北地区多两倍,比华北地区南部也偏多近200mm,是水资源较丰富的区域,降水量主要集中在7月和8月,占总降水量的70%。年平均气温10℃左右,比同一纬度的东北地区约偏高2℃,最冷月一般出现在1月份,最低为-21.5℃,最热月一般出现在7月份,最高达39.9℃。一年中5—6月份日照时数最多,12月份日照时数最少,年平均日照为2902.3h。主要灾害性气候有干旱、暴雨洪涝、大风冰雹等。夏季雨量过于集中,而且通常以暴雨形式出现。多年平均相对湿度为61.7%,6—9月这4个月相对湿度大,多在70%以上,山洪多集中在这个季节。

三、自然资源

(一)水文资源

本区流域面积大于500km² 河流6条,大于100km² 河流23条,大于30km² 的河流54条。各条河流径流量一年四季变化很大,分配不均。汛期河水暴涨暴落,有峰高、量大、势猛、次数多、历时短等特点;非汛期河水流量大大减少,部分河流甚至会发生断流而干涸。

戴河,古名榆河,有4源,以东支最大,源于抚宁县蚂蚁沟村西北清河塔寺一带。4源先后汇合于五王庄、沙河村和高家店,南流穿过北戴河村,于海滨联峰山入海。戴河全长35km,流域面积为273km²,坡降11.4‰。年平均流量为0.39亿m³。

石河,位于境内最东部,发源于青龙满族自治县马尾巴岭,由山海关小陈庄入海。全长67.5km,流域面积618km²。河道比降5.9‰,多年平均径流量1.71亿m³,最大年径流量3.7亿m³,最大洪峰流量为4750m³/s,洪峰模数在河北沿海各河中居首位,最少径流量0.3亿m³。

滦河,古名濡水,为河北省第二大河,是秦皇岛与唐山市的界河。它发源于河北省承德地区丰宁县西北巴延图尔古山麓,向北绕经内蒙古高原区,由正蓝旗东北转为西南,经坝上草原区及燕山山区,流经唐山市的迁西县、迁安县,经秦皇岛市卢龙、昌黎县而入海。滦河在秦皇岛市境内流域面积3773.7km²,地下水资源量7.45亿m³,水资源总量16.40亿m³(其中地表水12.54亿m³、地下水7.45亿m³,两者重复量3.59亿m³)。滦河全长877km,年平均流量152m³/s,水量达48亿m³。

青龙河,又称卢水、漆河,系滦河水系水量充沛的第一大支流。它发源于燕山山脉的七老图山支脉南侧的台头山,流经辽宁省的凌源县,承德地区的平泉县、宽城县,然后流入境内的青龙满族自治县,并由卢龙县虎头石汇入滦河。青龙河全长222km,流域面积6500km²。

洋河,古称阳河,全长100余千米,流域面积1029km²。洋河有两个发源地,东源称东洋河,发源于青龙满族自治县界岭山下,往南在界岭口穿越长城,进入抚宁县境内汇入洋河水库。西源称西洋河,发源于卢龙县北部的冯家沟,向东经西花台等地汇入洋河水库。东、西洋河在洋河水库汇合后,南流入丘陵平原区,在抚宁县洋河口村入海。

汤河,有两源,东源源于抚宁县柳观峪村西北,西源(亦称头河)源于抚宁县方家河村。两源于平山营汇合，继续南流，至市区白塔岭入海。汤河全长 30km，流域面积 240km²。该河属典型山溪性河流，坡度高达 37‰，为沿海各河流之最。汤河年平均径流量为 0.42 亿 m³，1959 年洪峰流量达 2000m³/s。

饮马河，有两个源头，其中东源源于卢龙县红花峪，南流于昌黎县大蒲河口入海。全长 60km，流域面积 582km²，最大洪峰流量可达 2000m³/s。

(二)海洋资源

秦皇岛海区地处渤海西部，辽东湾两翼。海岸线东起山海关金丝河口，西止昌黎县滦河口，总长 162.7km。所辖海区 15m 等深线海域面积 1000km²。全市现有捕捞作业渔场 10 000km²，有适宜发展养殖的浅海 80 万亩，滩涂 2 万亩。

(三)矿产资源

秦皇岛市境内矿产资源较为丰富，种类较为齐全。截至 2013 年，已发现各类矿产 56 种，已开发利用的 26 种，已探明储量的 22 种。优势矿种有金、铁、水泥灰岩及非金属建材，其中铁矿规模较大，储量达 27 515 万 t，水泥灰岩储量达 7.5 亿 t，玻璃用白云岩 1.5 亿 t，青龙满族自治县为中国"万两黄金"县之一。

铁铜矿、铅锌矿和重晶石矿等，常产于岩浆侵入体周围。滨海区的沙滩和残坡积物中常含有较高独居石矿物，最高品位可达 600g/m³，平均达 54.12 g/m³，可作为工业砂矿开采。秦皇岛广泛分布的花岗岩、正长岩和辉长岩等岩浆侵入体，常用作建筑石板、雕刻石材和路基石料等。

1. 煤矿

煤矿是秦皇岛主要矿种，广泛分布在柳江向斜的石炭系(本溪组、太原组)、二叠系(山西组、下石盒子组)和侏罗系(髫髻组、下花园组)中，总分布面积约 75km²。其中产于石炭系的煤有 2 层，产于二叠系的煤有 4 层，产于侏罗系的煤达 10 层，其原始沉积环境主要为海陆交互的滨海平原和内陆湖泊环境。煤层厚度变化大，一般厚度为 0.5～2.5m，最大厚度达 12.68m(二叠系)。煤质牌号一般为无烟煤，局部为贫煤。由于煤层受后期岩浆活动的影响，各煤层发生不同程度的变质，煤质灰分偏高，硬度大，致密块状。各煤层的含硫量自下而上逐渐减少，但均小于1%，属于低硫煤。各煤层含磷量小，最大值介于 0.09%～0.02% 之间。各煤层的黏结性均为 1，不黏结的均呈粉状。

2. 铝土矿和耐火黏土

铝土矿主要分布在柳江向斜两翼，矿层主要产于石炭系底部页岩和黏土岩中，地界受古风化剥蚀面控制，矿体最长超过 1km，厚度一般为 2～3m，可供开采品位的矿体不多。区域上该层铝土矿相当于耐火黏土的 G 层。

耐火黏土主要分布于柳江向斜东翼的石炭系和二叠系中，自上而下共分为 7 层

(A、B、C、D、E、F、G)。由于耐火黏土层原始形成条件的特殊性,含矿地层在区域上存在相变。矿体常呈透镜体产出,大小不等,其中工业可采层位一般为G、F、D和B层。G和F层产于中石炭统本溪组底部,D层产于上石炭统太原组,B层位于下二叠统山西组顶部。矿石化学成分多为$Al_2O_3+TiO(25\%\sim48\%)$、$Fe_2O_3(1.3\%\sim3\%)$,灼减量13%~15%,耐火温度1650~1750℃。

3. 石灰岩

石灰岩在秦皇岛北部十分普遍,主要分布于柳江盆地的寒武系、奥陶系中。化学成分主要为$CaCO_3$,其次是$MgCO_3$、SiO_2和Fe_2O_3。主要用途是烧制水泥,当地建有一批大型水泥厂。此外,用于烧制石灰、建筑石材和铺路基石。石灰岩的开采和加工利用已经给当地环境带来了较大污染。

4. 石英砂岩

石英砂岩主要产于柳江向斜翼部的新元古代地层中,秦皇岛主要见于鸡冠山顶部。石英砂岩纯度较高,SiO_2含量90.99%~95.17%,Al_2O_3含量2.76%~4.96%,Fe_2O_3含量0.34%~0.43%,质量符合工业制作的要求,曾被耀华玻璃厂等大型生产企业作为主要石英原料开采。

(四)动物资源

秦皇岛市境内多山,树茂草丰,系属温带森林——草原农田动物群,是迁徙动物途经地与停留地,尤其是候鸟迁徙的必经地。动物资源比较丰富,共有陆栖脊椎动物4纲29目85科417种,其中候鸟有369种,被誉为世界"四大观鸟基地"之一。兽类动物约60余种。小型兽类主要有刺猬、黄鼬、野兔、黑线斑鼠,中型兽类有赤狐、貂、獾、狼、金钱豹、狍子、羚羊、黄羊等。列入国家一类保护的鸟类有白鹳、白鹤、金雕、丹顶鹤等7种,国家二类保护鸟类54种,省级保护鸟类28种,其他省级保护动物6种。

秦皇岛海域辽阔,海洋生物种类繁多,主要包括潮间带生物、浅海底栖生物、海洋浮游生物和游泳生物等。潮间带生物以岩礁区最多,主要有褶牡蛎、黑偏顶蛤、短滨螺、中华近方蟹以及石莼、海松、浒苔等藻类;净沙区分布较少,主要有斧蛤、青蛤、彩虹明樱蛤、中国绿螂、沙蚕、托氏蝎螺、日本大眼虾、蛤氏美人虾等。海洋底栖生物共有160多种,其中软体动物56种、甲壳类45种、多毛类27种、棘皮动物13种、鱼类9种、腔肠动物5种、脊索动物4种、益虫2种、害虫1种、纽虫1种、腕足类1种、其他2种。海洋底栖生物大多数资源量较低,无直接利用价值,多为鱼虾蟹的摄食对象。但境内海洋广泛分布着文昌鱼,具有重要的科学价值,也有食用价值和经济价值。文昌鱼分布面积达$1200km^2$,以昌黎新开河口处水深10~15m范围内最多,总资源量约13 000t。海洋浮游生物包括浮游植物、浮游动物及浮游性鱼卵和仔稚鱼。浮游植物主要为硅藻类,共产76种。浮游植物大多可作为鱼、虾、贝的饵料。由于植物饵料丰富,秦皇岛沿海是发展对虾增殖和贻贝、扇贝养殖的良好海域。浮游动物共53种,主要有夜光虫、水母、毛虾、糖虾、钩虾、管栖虾、端足类、介形类、强壮箭虫、住囊虫、短尾类、长尾类、多毛类、双壳类、口角类、六肢类、寻虫类、棘皮动物类、腹足类、蔓足类、腕足类、乌贼类幼体等。秦皇岛沿海近岸和河口区是浮游动物密集区,是鱼类生长繁殖的良好场所。浮游性卵子和仔稚鱼共48种,主要有青鳞、黄鲫等鲱鲱科鱼类卵和仔稚鱼,各占全年卵、仔稚鱼总量的81.56%和83.86%。游泳生物包括鱼类和无脊椎动物。据调查,秦皇岛海区捕到鱼类品种达78种。其中海区鱼类生物量1%以上的鱼类有:鲈鱼、银鲳、绿鳍马面豚、蓝点鲅、牙鲆、孔鳐、油鲐、黄盖鲽、白姑鱼等。无脊椎动物主要有中段蛸、长蛸、日本枪乌贼、曼氏无针乌贼、三疣梭子蟹、日本蟳、中国对虾、鹰爪、糙对虾、日本鼓虾、脊尾白虾、葛氏长臂虾、脊尾褐虾、虾蛄等。

(五)植物资源

秦皇岛自然地理环境复杂,地貌差异比较明显,气候温和,降水充沛,适合多种植物生长,境内植物资源十分丰富。据调查,各种植物资源有138科,1323种。秦皇岛属于河北省植物资源比较丰富的地区,其中主要包括林果树种、药用植物和牧草饲料资源等。

用材林主要有油松、白桦、辽东栎、蒙古栎、麻栎、落叶松、山杨、家榆、小叶椴、毛白杨、旱柳、五角枫、椿树、栾树,经济林主要有苹果、梨、板栗、核桃、葡萄、桃、李、杏、山桃、红枣、酸枣、山楂、柞、桑、榛、紫穗槐、花椒等,防护林及水土保持林有杨、柳、刺槐、辽东栎、家榆、沙棘、锦鸡儿、胡枝子、绣线菊、山刺玫、山杏、毛樱桃、蚂蚱腿子等,绿化观赏树种有锦鸡儿、山刺玫、东陵八仙花、六道木、锦州花、天女木兰花、卫矛、南蛇藤、黄栌、明开夜合、云杉、五角枫、月季、榆叶梅、日本樱花、合欢、龙爪槐、紫藤、决明、紫薇、冬青、杜鹃、迎春等。

四、经济发展

秦皇岛是中国北方经济重镇。中国第一家机制玻璃厂、第一座铁路桥梁、第一台F级重型燃气轮机和第一瓶干红葡萄酒都在这里诞生,是世界级汽车轮毂制造基地、国内最大铝制品生产加工基地、北方最大的粮油加工基地和全国优质干红葡萄酒生产基地、重型装备出海口基地、百万吨级造船基地、数据产业基地。装备制造、金属加工、粮油食品、玻璃工业四大支柱产业向高端迈进,战略性新兴产业、现代服务业和现代农业不断提档升级。

2015年,全市实现生产总值1250.44亿元,比上年增长5.5%。其中,第一产业增加值177.63亿元,增长2.8%;第二产业增加值445.09亿元,增长4.9%;第三产业增加值627.72亿元,增长6.6%。第一产业增加值占全市生产总值的比重为14.2%,第二产业增加值比重为35.6%,第三产业增加值比重为50.2%。

(一)农业及畜牧业

秦皇岛是粮食作物的主产区。主要粮食作物有玉米、水稻、小麦、甘薯、花生等。

林果资源有苹果、梨、葡萄、山楂、水蜜桃、板栗、核桃等。水产品生产分为海水捕捞、海水养殖和淡水养殖三大类。全市农业人口190多万,人均耕地1.1亩。

冲积平原区分布在抚宁区和昌黎县,该区域有海洋养殖、葡萄酒、旅游业等有发展前景的综合性产业,是重要的农业经济区。沿海区主要分布在市辖三区和抚宁、昌黎两县区。昌黎、抚宁、青龙三县区被国家林业局确定为全国经济林建设先进县。昌黎、青龙两县及山海关区还被国家林业局分别授予"中国葡萄之乡""中国苹果之乡"和"中国樱桃之乡"的称号。

(二)工业与建筑业

秦皇岛形成了基础雄厚、较为完善的工业体系。主要工业产业为:以玻璃、水泥、新型建材为主的建材工业,以钢材、铝材为主的金属压延工业,以复合肥为主的化学工业,以汽车配件、铁路道岔钢梁钢结构、电子产品为主的机电工业,以果酒、啤酒、粮食加工为主的食品饮料工业。

主要工业产品有1000多种。河北远洋运输集团、耀华玻璃集团公司、秦皇岛首秦金属材料有限公司、中铁山桥集团有限公司、山海关船舶重工有限责任公司、渤海铝业有限公司、戴卡轮毂有限公司、中阿化肥有限公司、正大有限公司、金海粮油食品有限公司、鹏泰面粉有限公司、海燕安全玻璃有限公司、浅野水泥有限公司等一批骨干企业的生产规模、技术水平在全国同行业中位于前列。

(三)第三产业

2000年以来,秦皇岛市的产业结构调整,遵循了产业结构演进的一般规律性变化,即第一产业产出和就业人数占比逐步降低,第二、第三产业比重逐步提高。这一规律变化同时也反映了秦皇岛自身资源禀赋的特殊性,即港口优势和旅游产业特色。全市第三产业围绕"产业立市、旅游兴市、文化铸市"战略得到较快发展,第三产业对秦皇岛的发展具有重要意义。

近年来,第三产业对经济增长的贡献进一步提升,成为拉动全市经济增长的主要动力,其中2013年第三产业对全市经济增长的贡献率为53.6%。交通运输仓储和邮政业、批发和零售业、房地产业是占GDP比重最大的3个服务行业,对全部经济增长的贡献也最高,3个行业贡献率分别为10.9%、13.4%和9.4%。2015年,全市第一、第二、第三产业比重为:14.2∶35.6∶50.2。

五、旅游发展概况

(一)北戴河——中国现代旅游业的摇篮

北戴河是我国滨海避暑度假的发源地,是中国近现代旅游业的摇篮,在旅游发展史上具有重要的地位。

1. 第一个由中央政府确定的避暑地

甲午战争以后,我国国势急剧衰落,帝国主义纷纷在我国主要城市划定租界,清朝政府为避免丢失更多国家主权,于1898年3月,宣布与北戴河海滨毗邻的秦皇岛为"自开口岸"。

按照当时规定,"自开口岸"内是"不准划作租界"的,但作为自开口岸预留地的北戴河海滨区域内已有外国人居住且建有教堂,外国人很可能借机要求划租界。为此,清政府派出津海关道李岷琛、候选道王修植、开平矿务局总办周学熙、海关税务司杜维德等人前去勘定:赤土山以东至秦皇岛作为通商口岸,而北戴河以东至金山嘴沿海内1.5km及往东至秦皇岛对面为各国人士避暑地,准许中外人士相杂居住。北戴河海滨因此成为中国历史上第一个由国家开辟确定的中外人士避暑地,也即各国人士旅游区。

2. 第一条旅游专用铁路支线

1917年,为了方便从北京、天津到北戴河海滨避暑旅游的人们,经当时的交通总长许世英同意,创设了中国第一条旅游专用铁路支线——从北戴河火车站至海滨的旅游铁路支线。该支线每年5月1日开始通车,10月30日停止行驶,每逢春节加开专车。海滨(火车站)至北戴河(火车站)这条旅游支线每天开4趟往返车,以接应干线(津榆铁路线)列车上下的游客,在通车时间内各火车大站都售往返海滨的游览票,票上注明有效期限为5月至10月。旅游专车还设有往返北京、天津的夜车。

1934年,北京铁路局决定北戴河至海滨旅游铁路支线改为常年通车,每天列车依然往返4次,与干线列车衔接。

3. 第一条旅游专用航线

1921年夏,南苑航空署开辟了中国历史上第一条旅游专用航线——北京到北戴河海滨的旅游航班,航班每星期五下午3时由北京南苑机场起飞,大约2小时后在北戴河海滨赤土山机场降落,每星期一上午8时由北戴河海滨回北京。使用的是当时美国最新式的维梅商用飞机,可容乘客10人,每人准带行李30磅,飞机同时兼办邮件。

此线首航日是1921年8月12日,当时发有首航封,姜治方先生在1933年还以这枚盖有特戳的首航封参加了比利时集邮协会在布鲁塞尔举办的首次航邮展览会。

4. 新中国第一个休疗养区

1948年11月26日北戴河海滨区宣告解放。1949年4月中共中央组织部招待所的几位负责人即到北戴河海滨组建中共中央组织部疗养院,当时他们在西山(今莲峰山)一带共接收和买下了100多幢房子。与此同时,全国工会系统、中央的一些部委及北京市、天津市与河北省的一些机关单位纷纷在北戴河建起了劳动模范休养所和疗养院。到1954年,北戴河休养、疗养院(所)达到29个,成了新中国第一个也是最大的休疗养区。

5. 我国旅游改革重大举措的率先实施地

1979年2月4日,距中共十一届三中全会结束后才一个多月,《人民日报》在报眼的特殊位置发表了一条重要消息:"党中央、国务院决定,北戴河休养区拨给旅游部门接待外宾使用。"这是全党工作重点转移后办旅游的第一个重大举措。这条简明新闻一石激起千重浪,不仅引起了有关部门与地区的极大重视,也引起了海内外舆论界的密切关注。国内庐山、杭州、济南、大连等地纷纷效仿,把高级招待所交给旅游部门办旅游。

1979年5月18日,在中国旅游史上具有特殊意义的中国国际旅行社北戴河海滨旅游公司正式成立。该公司成立后,官办的行政供给制的招待所转变为独立核算的企业,实行企业化管理,开始为国家赚取外汇。

除了上述5个具有历史意义的创举之外,北戴河在中国近代旅游发展史上,还拥有许多开先河之举:20世纪初,中国第一张旅游招贴画出自这里;1925年出版的《北戴河海滨志略》是中国早期的优秀旅游导游书;1936年,中国第一个19孔高尔夫球场在北戴河建成;20世纪初,北戴河海滨就被誉为"东亚避暑地之冠",当时拥有海水浴、网球竞赛、仕女骑驴踏青、莲花石晚间舞会等"最前卫、最流行"的旅游项目。

在北戴河近现代旅游发展史上,著名爱国人士朱启钤(1872—1964年)先生发挥了重要作用。朱启钤于1918年开始号召在北戴河避暑的中国上层人士,创办地方自治公益会,并自任会长。公益会的成立,有效地控制了帝国主义分子企图霸占海滨的野心,限制了石领会、东山会等教会组织向西山一带的扩张,促进了北戴河疗养区的维护与开发。

(二)当代旅游业发展情况

1. 旅游资源禀赋得天独厚

(1)丰富的旅游资源。秦皇岛旅游资源类型丰富,集山、海、关、城、湖、温泉、湿地等多种类型为一体。同时,秦皇岛拥有国家级风景名胜区(北戴河)、国家级历史文化名城(山海关)、国家级地质公园(柳江)、国家级海洋自然保护区(黄金海岸)、国家级森林公园(北戴河海滨、长寿山)、"中国旅游胜地40佳(山海关、老龙头、北戴河海滨)"等一批高品质的旅游资源(表2-1)。

(2)良好的生态环境。3个主城区以绿色林带相连,呈独特的串珠式组团布局,北部山地茂密森林与南部百公里的滨海林带遥相呼应,多个自然保护区、风格迥异的建筑群落,以及点缀其间的诸多公园广场绿地,使整个城市充满盎然生机。全市森林覆盖率、城市区绿化覆盖率分别达到41.9%和45.6%,人均公共绿地面积15m^2,空气质量好于二级的天数在354天以上。这里负氧离子含量为7000~10 000个/cm^3,是其他城市的10~20倍,宛如一座"天然氧吧"。

表 2-1 秦皇岛市国家级旅游资源

秦皇岛市地理名录	国家森林公园	海滨国家级森林公园；山海关长寿山国家级森林公园
	国家级自然保护区	昌黎黄金海岸国家级自然保护区；柳江盆地地质遗迹自然护区
	国家级风景名胜区	北戴河风景名胜区
	国家地质公园	秦皇岛柳江国家地质公园
	全国重点文物保护单位	万里长城——山海关；北戴河秦皇行宫遗址；山海关八国联军营盘旧址；北戴河近代建筑群
	国家级非物质文化遗产	孟姜女传说；抚宁鼓吹乐；昌黎地秧歌；昌黎民歌；昌黎皮影

资料来源：秦皇岛市政府门户网站（2016年）。

(3) 厚重的历史文化。秦皇岛古称"碣石"，商周时期是古孤竹国都城所在地，伯夷叔齐"让国""首阳采薇"等典故就发生在这里。公元前215年，秦始皇第四次出巡至此拜海求仙。汉武帝筑台寻仙，魏武帝观海抒怀，唐太宗望海赋诗，康熙、乾隆等诸多帝王都留下了永久印记。1898年，清光绪皇帝御批秦皇岛开埠建港，辟北戴河为中外人士避暑地，开中国近代史旅游先河。孙中山、李大钊、毛泽东、邓小平等伟人在此驻足流连，毛泽东同志的《浪淘沙·北戴河》更使秦皇岛闻名遐迩。昌黎地秧歌、民歌、吹歌，抚宁鼓吹乐被录入首批国家级非物质文化遗产名录。北戴河300多幢百年名人别墅，书写着沧桑岁月。

2. 旅游主题特色鲜明

(1) 长城文化游。本区230余千米雄伟长城横亘全境，连山、海、关、城于一体，是万里长城的东部起点，也是长城中最精华的部分。这里有巨龙入海之老龙头、天下第一关、角山长城、姜女庙等，长城以它独有的风骨，在此留下了富有神韵的雄关险隘和沧桑浪漫的历史传说。山、海、关、城、庙，以长城为纽带，构成长盛不衰的精华旅游线路。

(2) 滨海度假游。162.7km海岸线沙细滩缓，是中国北方最优质的海水浴场。沿海岸线绵延着秦皇求仙入海处、新澳海底世界、鸽子窝公园、南戴河国际娱乐中心、金沙湾沙雕大世界、翡翠岛等著名景观以及著名的休闲别墅区。秦皇岛成为我国滨海游线中景观要素、体验要素和文化要素最为丰富的地区。

(3) 生态休闲游。秦皇岛素以"天然氧吧"著称，3个主城区以绿色林带相连，呈独特的串珠式组团布局。柳江国家地质公园、海滨国家森林公园、山海关长寿山国家森林公园和昌黎黄金海岸国家海洋自然保护区，形成了以高科技农业、葡萄酒文化、农事体验和山水揽胜游等产品为主的生态旅游产业集群。

(4) 自然观鸟游。作为世界四大观鸟胜地之一，这里被誉为"观鸟的麦加"，荣获"中国观鸟之都"称号。目前共发现鸟类416种，占全国野生鸟类的30.34%，其中国家重点保护鸟类有65种。每年4月至5月下旬、10下旬是观鸟的最佳时间，大批国内外观鸟爱好者蜂拥而至。

(5)名人别墅游。北戴河老式建筑以别墅最具代表性。1898年,清政府将这里辟为外国人士的避暑地。一时间中外名流、政要富贾纷至沓来,先后修建了700余幢汇集世界多种建筑风格的别墅,至今尚存110幢,北戴河成为中国四大别墅群集中地之一,被誉为"万国建筑博物馆",其中20座近代别墅群被列为国家级重点文物保护单位。

(6)美食体验游。海鲜是秦皇岛美食的招牌,清蒸铁板蟹、煎烤大虾、辣炒花蛤、酱爆皮皮虾……无疑会让游客大饱海鲜美味的口福。除此之外,特色风味小吃:饽椤叶饼、老字号"四条"包子、老二位饺子、回记绿豆糕、驴肉饺子等,汇聚成"舌尖上的秦皇岛",令人回味无穷。

3. 旅游产业支撑作用凸显

"十二五"期间,秦皇岛旅游业发展势头强劲,各项指标连创新高,旅游收入占国内总产值比重及第三产业产值比重逐年大幅攀升(表2-2、表2-3)。

表2-2 秦皇岛市2011—2015年旅游发展相关数据统计表

年度	接待国内游客(万人次)	增长率(%)	接待海外游客(人次)	增长率(%)	景点门票收入(万元)	增长率(%)	旅游总收入(亿元)	增长率(%)	旅游外汇收入(万美元)	增长率(%)
2011	2101	12.9	264 372	9.1	43 431	14.1	172.84	17.3	15 025	15.4
2012	2313	10.1	286 401	8.3	41 048	-5.5	202.35	17.1	16 944	12.8
2013	2566	10.9	298 477	4.2	44 226	7.7	256.32	26.7	18 058	6.6
2014	2822	10.0	298 600	0.1	49 377	11.6	293.62	14.6	15 000	-17.1
2015	3344	18.5	284 000	-4.9	63 790	30.2	362.37	23.4	18 100	20.7

数据来源:根据秦皇岛市统计局历年公报数据整理而来。
注:2015年"景点门票收入"未包括当年12月份数据。

表2-3 秦皇岛市2011—2015年旅游收入与地区生产总值对照表

年度	旅游总收入(亿元)	地区生产总值(亿元)	旅游收入占比(%)	第三产业增加值(亿元)	旅游收入占比(%)
2011	150.25	1064.0346	14.12	503.3819	29.85
2012	169.44	1139.1664	14.87	543.8982	31.15
2013	256.32	1168.7549	21.93	549.7187	46.63
2014	293.62	1200.0219	24.47	577.6767	50.83
2015	339.37	1250.4439	27.14	627.7228	54.64

数据来源:根据秦皇岛市统计局历年公报数据整理而来。
注:由于旅游业分散于国民经济各部门,国民经济统计账户中没有单独的旅游业,因而旅游收入的统计类似卫星账户,旅游收入与地区生产总值、第三产业增加值的对比并不严格,但可作参考。

4. 旅游产业体系日臻完备

经过多年开发建设,秦皇岛市形成了休闲度假、历史文化观光、山水生态游览、乡村旅游等完备的产品体系,开辟了长城文化、海滨休闲度假、观鸟旅游、山地观光、海洋科普、体育旅游、乡村旅游、工业旅游等多种精品旅游线路。近年来,随着高速公路、高速铁路、机场等立体化交通体系的建设,以及城市广场、体育场馆、植物园、博物馆、大型购物广场、高星级酒店等设施的日臻完善,食、住、行、游、购、娱综合配套的旅游服务体系日益完备,秦皇岛已逐步成为京、津、东北,以及俄罗斯、日、韩等旅游市场最受欢迎的旅游目的地。

(1)旅游景区。截至2016年,全市有国家A级以上旅游景区34家(36处)。

原AAAAA景区1家:山海关古城——老龙头景区——孟姜女庙。

AAAA景区15家:南戴河国际娱乐中心、角山景区、长寿山景区、燕塞湖景区、乐岛海洋公园、秦皇求仙入海处、新澳海底世界、鸽子窝公园、秦皇岛野生动物园、集发生态农业观光园、碧螺塔海上酒吧公园、华夏庄园、旅游滑沙活动中心、金沙湾沙雕大世界、祖山景区。

AAA景区6家:王家大院、怪楼奇园、葡萄沟景区、碣石山景区、渔岛、桃林湖景区。

AA景区12家:望峪山庄、老虎石公园、联峰山公园、翡翠岛生态游乐园、五峰山景区、天马湖景区、象山景区、天马山景区、六峪山庄、鲍子沟生态旅游度假村、柳河溪谷景区、桃林口景区。

国家工农业旅游示范点7家:集发生态农业观光园、葡萄沟景区、鲍子沟生态旅游度假村、望峪山庄、卢龙桃林口村、华夏庄园、朗格斯酒庄。

省级工农业旅游示范点7家:渔岛、柳河北山、六峪山庄、骊城隆盛观光园、集发生态农业观光园、昌黎县月亮湾温泉度假村、昌黎玛蒂尼酒庄。

(2)星级饭店。秦皇岛共有星级饭店56家,客房5857间,床位1.15万张,2014年客房出租率为41.1%。五星级饭店2家,四星级饭店15家,三星级饭店30家,二星级饭店9家。各类度假酒店、疗养院、休养所等也构成了秦皇岛市主要的旅游接待设施。

(3)旅行社。秦皇岛共有旅行社201家,其中出境组团社9家(海燕国旅、秦皇岛国旅、长城国旅、康乐国旅、百合国旅、永诚百事通国旅、卓扬国旅、夏都国旅、金色假日国旅)。拥有各语种导游人员2346人,旅游从业人员约15万人。

(三)智慧旅游建设与发展

秦皇岛市智慧旅游建设工作自2012年10月开始谋划,2013年5月开工建设,项目总投资4036万元。智慧旅游官方门户网站"爱游秦皇岛"(www.iuqhd.com)全面上线试运行;鸽子窝公园、集发观光园等11个景区,北戴河区石塘路、保二路等4个重点路段,北戴河火车站和汽车站游客咨询中心等17个片区实现了无线热点全覆盖并正式投入使用;智慧旅游应急指挥中心全面投入使用。

秦皇岛北戴河"互联网+旅游"模式主要是利用最新的信息技术整合旅游要素,

拓展信息技术在旅游业应用的广度和深度,对于提升旅游品质、游客体验度,提高旅游公共服务水平和行业管理效能具有重要作用。近年来,该区重点实施了智慧旅游网、免费Wi-Fi上网服务、360°全景展示、智能手机APP导游系统、电子书柜等工程,智慧旅游已走在河北省乃至全国前列。

1. 建成区级综合性旅游门户网

建成区级旅游门户网——北戴河数字旅游网(www.zgbdh.com),共分为"品美食""住舒适""行畅通""游美景""购放心""乐无边"六大板块,汇集全区各类旅游资源;充分考虑该区作为国内俄罗斯游客第二大客源地的实际,采用国际化技术,提供汉、英、俄3个语言版本;二次开发后,还新增数字旅游网手机版、北戴河民宿子网站等项目,新增民宿信息2000多户。

2. 开发了智能手机APP导游系统

开发了支持安卓、苹果两大主流手机应用系统的北戴河特色智能手机APP导游系统——《触游北戴河》APP软件,共包含北戴河综述、交通、美食、酒店、娱乐、畅游、购物、咨询投诉八大板块,下载后可享受免费便捷的导航、导游、导览、导购和集成二维码扫描服务。此外,在鸽子窝公园内还可以通过手机GPS定位进行自动语音讲解导游。

3. 免费上网实现由点到面的覆盖

在原有17个区域免费Wi-Fi覆盖的基础上,新增设14个区域的免费Wi-Fi覆盖,目前,沿海10余个公共浴场、石塘路、保二路商业街、刘庄、单庄、草厂民宿集中区域、全区11个景区景点门区可全部实现免费Wi-Fi上网,基本实现旅游区域全覆盖。新增无线Wi-Fi实名认证功能,完善无线网络安全体系。同时,大力督导三星级以上宾馆开设无线上网服务,目前全区星级宾馆共开通免费Wi-Fi点位500多个。

4. 全领域制作360°实景导览系统

以百年别墅、滨海盛景、海岸冬韵、春节灯会为主题,对北戴河老虎石浴场、鸽子窝公园、集发农业观光园、野生动物园等全部旅游景点,五凤楼、伯理温等近代著名老别墅,以及冬季北戴河景观、春节灯会精彩瞬间进行多角度实景拍摄,开发制作了高清360°实景导览系统,拍摄点位300余个,呈现出更加直观、全面的旅游体验。

5. 互联网强势推广北戴河旅游

通过百度竞价对北戴河民宿网及智慧旅游平台进行推广,进一步提升网站访问量;在网易、新浪、腾讯三家主流网站开通北戴河旅游官方微博,发布互动话题,公布旅游信息、图片、链接;开通中国北戴河旅游官方微信,及时公布最新资讯。

6. 电子书柜展示别样北戴河旅游

以北戴河历史沿革、旅游发展为主要内容,推出《北戴河印记》《北戴河海滨志略》《北戴河海滨导游》《游谱北戴河》《画卷北戴河》《越千年北戴河故事》,着重宣传北戴河的发展历史、旅游文化及北戴河的四季风光、精品旅游线路,让游客更直观地了解北戴河,感受与传统杂志完全不同的阅读体验。

第三章 区域地质概况

一、地质概述

秦皇岛市北戴河及邻近地区地层出露较齐全,断裂、褶皱发育。太古代及古元古代,地壳运动剧烈而频繁。强烈的地壳运动有3次,吕梁运动后期基本上形成了本地区纬向复杂构造体系的骨架,强烈的地壳运动也造成了大面积的地层变质。太古代地层分布较广,主要由均质混合岩、片麻岩、变质闪长岩组成;古元古代地层主要由花岗片麻岩组成。中—新元古代沉积为本地第一组沉积盖层,主要由砾岩、砂岩以及碳酸岩组成。古生代寒武纪地层由浅海相碳酸岩和页岩组成;奥陶纪地层主要由海相碳酸岩组成;石炭纪地层主要由海陆交互相碎屑岩、页岩夹煤层组成;二叠纪地层由砾岩、砂岩夹煤层组成,是本地主要的成煤地层。在中生代燕山运动的影响和控制下,形成了一系列华夏系的大型隆起区和凹陷区,本地大部分为隆起区,凹陷区有湖相、陆相沉积。中生代中后期在较大范围内发生岩浆活动,断裂发育,强烈褶皱。三叠纪地层由砂岩、页岩夹煤线组成;侏罗纪地层则由碎屑岩、页岩、安山岩、花岗岩等组成;白垩系以侵入的花岗岩为主;第四纪北部为隆升区,中部为相对稳定区,南部为下降区,沉积多为陆相沉积物,近海地带多为海相沉积物。

二、地层

实习区的地层属于晋冀鲁豫地层区、燕辽地层分区、秦皇岛小区,为华北型地层,最老地层为新太古界。本区缺失古、中元古界,上奥陶统—下石炭统、下—中三叠统、白垩系、古近系和新近系,主要地层出露包括新元古界青白口系上部、下古生界寒武系和下奥陶统、上古生界上石炭统和二叠系、中生界上三叠统和侏罗系、新生界第四系。

各时代的岩石地层单位主要特征和区内分布如表3-1所示,地层分布参见图3-1。

(一)新太古界(Ar_3)

白庙组(Ar_3b)

只有数个孤立隔离的捕虏体出现在新太古代黑云母花岗岩中。岩性为深变质岩,包括黑云斜长角闪岩、角闪斜长变粒岩、白云母石英片岩、浅粒岩、黑云斜长变粒岩等。

表 3-1 北戴河实习区岩石地层特征简表(据王家生,2011)

年代地层			组	符号	厚度(m)	岩性及化石
界	系	统				
新生界	第四系	更新统		Q	25~80	全新统由冲积相、洪积相、海相、潟湖相的沉积物及风成沙形成;更新统为冲积亚砂土夹砂砾石层,冲、洪积相中夹不稳定的泥煤。含腹足类及哺乳动物化石
中生界	侏罗系	上统	张家口组	J_3z	>350	为一套灰色酸性—中碱性火山熔岩和火山碎屑岩,包括流纹质、粗面质和粗安山质火山熔岩、凝灰岩、火山角砾岩与集块岩
		中统	髫髻山组	J_2t	1000	上部以中基性岩为主,黑绿色、紫红色、青紫色玄武质、玄武安山质和辉石安山质火山熔岩与熔结集块岩、集块岩互层,夹少量火山角砾岩及凝灰岩;中部以中性岩为主,灰绿色普通安山质、角闪安山质、粗安质火山熔岩与熔结集块岩、火山角砾岩互层;下部稍偏酸性,为灰绿色和浅黄绿色安山质、流纹质集块岩夹凝灰岩和火山熔岩
		下统	下花园组	J_1x	>502	顶部为碳质页岩夹煤层;上部为灰黑色碳质页岩与石英粉砂岩、长石石英砂岩互层,夹页岩、砂砾岩;中部为厚层含砾粗砂岩、岩屑砂岩,夹泥质粉砂岩、页岩、煤页岩及煤层;下部为灰白色、黄绿色厚层砾岩;植物化石丰富
	三叠系	上统	杏石口组	T_3x	162	岩性为灰白色中粗粒长石石英砂岩、粉砂岩、黑色碳质页岩,夹煤线。含大量植物化石,还见有少量昆虫和双壳类化石
上古生界	二叠系	上统	孙家沟组	P_3s	150	顶部为紫红色黏土岩;中上部为紫红色泥质含砾中粗砾岩屑石英砂岩、泥质中粗砂岩,夹厚约8m的黑灰色碳质页岩;下部以紫红色泥质岩、页岩、粉砂岩为主,夹紫红色泥质含砾粗粒岩屑石英砂岩、中细粒岩屑长石砂岩及黄绿色粉砂质泥岩;底部为一层紫色厚层含砾粗砾岩夹石英砂岩。在黑灰色碳质页岩及紫红色粉砂岩中含植物化石等
		中统	石盒子组	$P_{2-3}sh$	187	上部为灰白色中厚层含砾粗粒长石净砂岩,夹极少量紫色细粒砂岩及粉砂岩;下部岩性由灰色、黄褐色中厚层中粗粒长石岩屑杂砂岩与灰绿色含云母泥质粉砂岩组成,含植物化石等
		下统	山西组	$P_{1-2}s$	80	岩性为灰色、灰黑色中薄层中细粒长石岩屑杂砂岩、粉砂岩、碳质泥岩及黏土岩,由两个韵律组成:第一韵律含煤层,第二韵律顶部含铝土矿。底部岩性为灰色中薄层含铁质中粒长石岩屑砂岩或灰色、灰白色含砾粗粒长石岩屑砂岩,顶部为灰色薄层铝土质粉砂岩。含丰富的植物化石
	石炭系	上统	太原组	C_2-P_1t	51	以灰黑色中厚层粉砂岩为主,含铁质结核,夹少量煤线和灰岩透镜体,由两个韵律构成:底部为青灰色含铁质的中细粒长石岩屑砂岩,顶部为灰色中层粉砂岩、页岩与黄灰色细粒杂砂岩互层。含丰富的动植物化石
			本溪组	C_2b	51	上部为灰色、紫色、黄绿色中薄层石英细砂岩、粉砂岩及页岩,夹3~5层泥灰岩透镜体;下部为杂色铁铝质泥岩和深灰色中厚层铁质粉砂岩。上部灰岩透镜体中含海相动物化石,粉砂岩及页岩中含植物化石

续表 3-1

年代地层			组	符号	厚度(m)	岩性及化石
界	系	统				
下古生界	奥陶系	中统	马家沟组	O_2m	101	黄灰色、深灰色厚层白云质灰岩,含燧石结核豹皮状白云质灰岩,顶部为泥晶灰岩。化石较丰富,多产在顶部灰岩中
		下统	亮甲山组	O_1l	118	下部为深灰色中厚层含燧石结核云斑灰岩,夹少量砾屑灰岩和钙质页岩;向上过渡为厚层生物碎屑灰岩与薄层泥质灰岩互层,夹砾屑灰岩;上部为灰色厚层含燧石结核条带灰岩、厚层豹皮状灰岩、中厚层云质条带灰岩,夹薄层云质条带灰岩。含头足类、腹足类和海绵等化石
			冶里组	O_1y	126	下部为灰色中厚层泥晶灰岩,夹少量薄层砾屑及虫孔灰岩;上部为灰色中厚层砾屑灰岩夹黄绿色页岩。化石较丰富,有三叶虫、笔石、腹足类及腕足类化石
	寒武系	上统	炒米店组	ϵ_3-O_1ch	102	下部为紫色薄层砾屑灰岩、粉砂岩与页岩互层,夹薄层藻灰岩和生物碎屑灰岩;上部为黄灰色薄层泥灰岩夹含砾泥灰岩、黄灰色钙质页岩及薄层泥质条带灰岩。有三叶虫、腕足类、介形虫类化石等
			崮山组	ϵ_3g	102	岩性下部为紫色砾屑灰岩与紫色粉砂岩互层,中部为灰色中厚层灰岩(包括泥质条带灰岩、鲕状灰岩、藻灰岩等),上部岩性与下部相同。化石丰富,产三叶虫、腕足类和叠层石化石
			张夏组	ϵ_2zh	130	下部为灰色中厚层鲕状灰岩夹黄绿色页岩;上部以灰色中厚层鲕状灰岩为主,夹藻灰岩、泥质条带灰岩。含丰富的三叶虫化石
		中统	徐庄组	ϵ_2x	36	主要为暗紫色、灰色、黄绿色页岩,夹灰岩、鲕状灰岩、泥灰岩及粉砂岩,底部以粉砂岩或页岩与毛庄组整合接触。本组以呈现猪肝色及页岩中富含云母片岩为特征,厚60～108m。古生物化石以三叶虫最丰富。毛庄组和徐庄组属于浅海相与潮间潟湖相
			毛庄组	ϵ_2m	54	零星出露。以紫色页岩为主,夹灰色灰岩、泥质灰岩、白云质灰岩以及少量粉砂质页岩,底部以紫色页岩或粉砂岩与馒头组整合接触。本组岩性稳定,但厚度变化较大,为18～87m;化石相当丰富,以三叶虫的褶颊虫最繁盛
		下统	馒头组	ϵ_1m	284	鲜红色、暗紫色泥岩、页岩和黄绿色云母质粉砂岩为主,夹暗紫色粉砂岩、细砂岩和少量鲕状灰岩透镜体或扁豆体,页岩中含食盐假晶夹少量云质灰岩,底部具角砾岩和砾岩
			府君山组	ϵ_1f	94～146	暗灰色、灰黑色厚层—巨厚层豹皮状含沥青质粉晶—微晶白云质灰岩,顶部含核形石。含三叶虫化石(*Redlichia*),数量丰富

续表 3-1

年代地层			组	符号	厚度(m)	岩性及化石
界	系	统				
新元古界	青白口系	上统	景儿峪组	$Qb_3 j$	28	岩性为紫红色、紫灰色、灰绿色和蛋青色薄—中厚层含泥白云质灰岩,底部常见黄褐色含砾、铁质海绿石中细粒长石砂岩
新元古界	青白口系	上统	龙山组	$Qb_3 l$	91	岩性为一套砂岩、砾岩和页岩组合。下部为灰白色粗粒长石石英砂岩,含海绿石,底部含少量砾石;上部为杂色(包括紫红色、蛋青色、灰黑色、黄绿色)页岩。在砂岩中见有波痕和交错层理
新太古界			白庙组	$Ar_3 b$		只有数个孤立隔离的捕房体出现在新太古代黑云母花岗岩中。岩性为深变质岩,包括黑云斜长角闪岩、角闪斜长变粒岩、白云母石英片岩、浅粒岩、黑云斜长变粒岩等

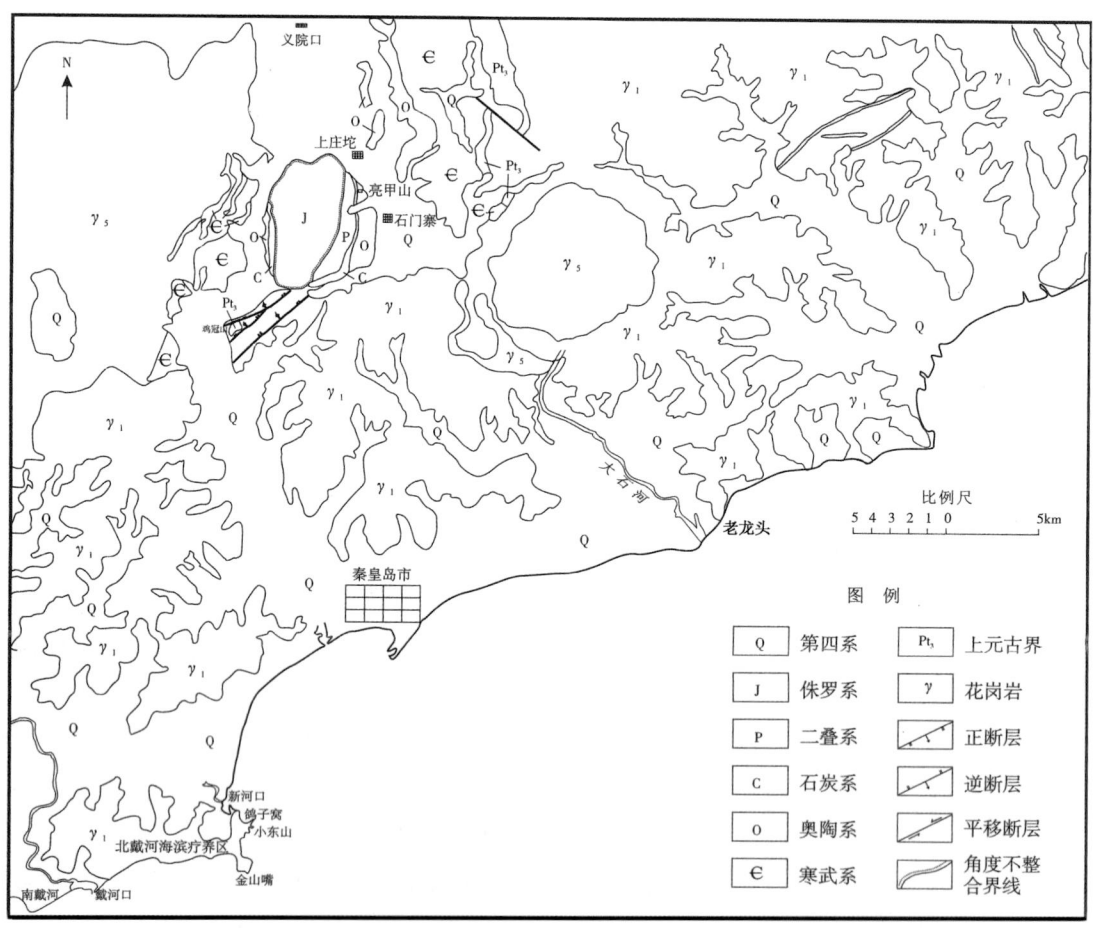

图 3-1 实习区地质简图
(据王家生《北戴河地质认识实践教学指导书》附图改编)

(二)新元古界(Pt_3)

1. 龙山组(Qb_3l)

岩性为一套砂岩、砾岩和页岩组合。下部为灰白色粗粒长石石英砂岩,含海绿石,底部含少量砾石。上部为杂色(包括紫红色、蛋青色、灰黑色、黄绿色)页岩。在砂岩中见有波痕和交错层理。厚25～91m。该套地层主要分布在本区东部落、鸡冠山和张崖子等地。前人曾将该组划归下马岭组。

2. 景儿峪组(Qb_3j)

岩性为紫红色、紫灰色、灰绿色和蛋青色薄—中厚层含泥白云质灰岩,底部常见黄褐色含砾、铁质海绿石中细粒长石砂岩。厚25～53m。此组出露在实习区的东部,以李庄北沟剖面为代表,厚约28m。

(三)下古生界(Pz_1)

1. 府君山组(ϵ_1f)

岩性为暗灰色、灰黑色厚—巨厚层豹皮状含沥青质粉晶—微晶白云质灰岩,顶部含核形石。含三叶虫化石(*Redlichia*),数量丰富。厚94～146m。*Redlichia*是早寒武世的标准化石,为浅海相沉积环境。本组地层在实习区的东部发育较好,以东部剖面为代表,厚146m。

2. 馒头组(ϵ_1m)

以鲜红色、暗紫色泥岩、页岩和黄绿色云母质粉砂岩为主,夹暗紫色粉砂岩、细砂岩和少量鲕状灰岩透镜体或扁豆体,页岩中含食盐假晶并夹少量白云质灰岩,底部具角砾岩和砾岩。本组产三叶虫、藻类及少量核形石。本组的沉积环境为潟湖—潮间带—浅海。实习区内,本组出露在东部落、沙河寨等地,厚30～70m。

3. 毛庄组(ϵ_2m)

以紫色页岩为主,夹灰色灰岩、泥质灰岩、白云质灰岩以及少量粉砂质页岩,底部以紫色页岩或粉砂岩与馒头组整合接触。本组岩性稳定,化石相当丰富,以三叶虫的褶颊虫最繁盛,但厚度变化较大,为18～87m。本组在实习区零星出露。

4. 徐庄组(ϵ_2x)

主要为暗紫色、灰色、黄绿色页岩,夹灰岩、鲕状灰岩、泥灰岩及粉砂岩,底部以粉砂岩或页岩与毛庄组整合接触。本组以呈现猪肝色及页岩中富含云母片岩为特征,厚60～108m。古生物化石以三叶虫最丰富。本组在实习区分布广泛。

5. 张夏组(ϵ_2zh)

下部为灰色中厚层鲕状灰岩夹黄绿色页岩;上部以灰色中厚层鲕状灰岩为主,夹藻灰岩、泥质条带灰岩。含丰富的三叶虫化石,本组时代为中寒武世(ϵ_2)。为浅海相沉积环境。本组分布广泛,柳江盆地周围都有分布。

6. 崮山组($\in_3 g$)

下部为紫色砾屑灰岩与紫色粉砂岩互层,中部为灰色中厚层灰岩(包括泥质条带灰岩、鲕状灰岩、藻灰岩等),上部岩性与下部相同。化石丰富,产三叶虫、腕足类和叠层石化石。厚79～102m。为浅海相沉积环境。实习区分布广泛。

7. 炒米店组($\in_3 - O_1 ch$)

下部为紫色薄层砾屑灰岩、粉砂岩与页岩互层,夹薄层藻灰岩和生物碎屑灰岩;上部为黄灰色薄层泥灰岩夹含砾泥灰岩、黄灰色钙质页岩及薄层泥质条带灰岩。含有三叶虫、腕足类和介形虫等化石。属浅海相沉积。该组地层分布以实习区288高地东坡为代表。

8. 冶里组($O_1 y$)

下部为灰色中厚层泥晶灰岩,夹少量薄层砾屑及虫孔灰岩;上部为灰色中厚层砾屑灰岩夹黄绿色页岩。化石较丰富,有三叶虫、笔石、腹足类、腕足类等化石。本组沉积环境为浅海较深水背景。在区内主要出露于潮水峪至揣庄一带,以288高地为代表,厚125m。

9. 亮甲山组($O_1 l$)

下部为深灰色中厚层含燧石结核云斑灰岩,夹少量砾屑灰岩和钙质页岩;向上过渡为厚层生物碎屑灰岩与薄层泥质灰岩互层,夹砾屑灰岩;上部为灰色厚层含燧石结核条带灰岩、厚层豹皮状灰岩、中厚层云质条带灰岩,夹薄层云质条带灰岩。含头足类、腹足类、海绵化石等。此组属浅海相沉积。亮甲山组在实习区内出露较广,在小王庄、茶庄、潮水峪、石门寨等地均能见到,而且石门寨亮甲山为本组的创名地点,是亮甲山组层型剖面地,厚118m。

10. 马家沟组($O_2 m$)

黄灰色、深灰色厚层白云质灰岩,含燧石结核豹皮状白云质灰岩,顶部为泥晶灰岩。化石较丰富,多产在顶部灰岩中,有头足类、三叶虫、腹足类等化石,为浅海相沉积环境。实习区内茶庄北山出露较好,可作为区内的典型剖面,厚101m。

(四)上古生界(Pz_2)

1. 本溪组($C_2 b$)

岩性可分为两部分:下部为杂色铁铝质泥岩和深灰色中厚层铁质粉砂岩;上部为灰色、紫色、黄绿色中薄层石英细砂岩、粉砂岩及页岩,夹3～5层泥灰岩透镜体。灰岩透镜体中含海相动物化石,粉砂岩及页岩中含植物化石。厚18～51m。本溪组为一套海陆交互相沉积。平行不整合于奥陶系马家沟组灰岩之上。该组在实习区主要分布在柳江盆地内,厚51m。

2. 太原组（C_2-P_1t）

以灰黑色中厚层粉砂岩为主，含铁质结核，夹少量煤线和灰岩透镜体，由两个韵律构成：底部为青灰色含铁质的中细粒长石岩屑砂岩，顶部为灰色中层粉砂岩、页岩与黄灰色细粒杂砂岩互层。化石有植物类、腕足类、双壳类等。厚 45~51m。太原组时代是穿越地层单位（C_2-P_1）。本组为海陆交互相沉积。实习区内主要发育于柳江盆地的半壁店东 191 高地及小王山东坡一带，小王山剖面出露较好，可作为本区的典型剖面，厚 51m。石门寨西门剖面厚 48m。

3. 山西组（$P_{1-2}s$）

主要岩性为灰色、灰黑色中薄层中细粒长石岩屑杂砂岩、粉砂岩、碳质泥岩及黏土岩，由两个韵律组成：第一韵律含煤层，第二韵律顶部含铝土矿。底部岩性为灰色中薄层含铁质中粒长石岩屑砂岩或灰色、灰白色含砾粗粒长石岩屑砂岩，顶部为灰色薄层铝土质粉砂岩。含丰富的植物化石。厚 70~235m。此组为近海沼泽沉积。在实习区本组地层分布于东部黑山窑至曹山一带，老柳江、夏家峪、石门寨西门一带发育较好，石门寨西门剖面可作为区内的典型剖面，厚 61.8m。本组为区内重要的含煤层位。

4. 石盒子组（$P_{2-3}sh$）

下部岩性由灰色、黄褐色中厚层中粗粒长石岩屑杂砂岩与灰绿色含云母泥质粉砂岩 3 个韵律组成，在第二、第三韵律的顶部有紫色、紫灰色黏土岩或黏土质粉砂岩。上部为灰白色中厚层含砾粗粒长石净砂岩，夹极少量紫色细粒砂岩及粉砂岩；在下部第一个韵律顶部的灰绿色含云母质粉砂岩中含植物化石。厚 187m。在实习区内本组主要发育于柳江盆地黑山窑、石岭和欢喜岭一带，石门寨西门及欢喜岭剖面可分别作为石盒子组下部和上部的典型剖面。

5. 孙家沟组（P_3s）

底部为一层紫色厚层含砾粗砾岩夹石英砂岩；下部以紫红色泥质岩、页岩、粉砂岩为主，夹紫红色泥质含砾粗粒岩屑石英砂岩、中细粒岩屑长石砂岩及黄绿色粉砂质泥岩；中上部为紫红色泥质含砾中粗砾岩屑石英砂岩、泥质中粗砂岩，夹厚约 8m 的黑灰色碳质页岩；顶部为紫红色黏土岩。在黑灰色碳质页岩及紫红色粉砂岩中含植物化石。厚 150~168m。孙家沟组属河流相沉积。在实习区主要见于柳江盆地的黑山窑至欢喜岭一带。

（五）中生界（Mz）

1. 杏石口组（T_3x）

岩性为灰白色中粗粒长石石英岩、粉砂岩、黑色碳质页岩，夹煤线。含大量植物化石，还见有少量昆虫和双壳类化石。厚 161.8m。此组属湖泊相沉积。本组在实习区主要出露在黑山窑一带。

2. 下花园组(J_1x)

下部为灰白色、黄绿色厚层砾岩;中部为厚层含砾粗砂岩、岩屑砂岩,夹泥质粉砂岩、页岩、煤质页岩及煤层;上部为灰黑色碳质页岩与石英粉砂岩、长石石英砂岩互层,夹页岩、砂砾岩;顶部为碳质页岩夹煤层。植物化石丰富,含双壳类化石等。厚357~493m。本组属湖泊、河流、沼泽相沉积。实习区内,本组原称北票组,分布较广泛,主要发育于中部地区,近南北向展布,较好的剖面在黑山窑后村至大岭一带。

3. 髫髻山组(J_2t)

本组由火山熔岩与火山碎屑岩互层组成。岩性可分为三部分:下部为灰绿色和浅黄绿色安山质、流纹质集块岩,夹凝灰岩和火山熔岩;中部灰绿色普通安山质、角闪安山质、粗安质火山熔岩与集块岩、火山角砾岩互层;上部是黑绿色、紫红色、青紫色玄武质、玄武安山质和辉石安山质火山熔岩与熔结集块岩、集块岩互层,夹少量火山角砾岩及凝灰岩。厚约1000m。主要分布在柳江向斜的核部,近南北向展布,上庄坨村西的傍水崖一带出露较好。

4. 张家口组(J_3z)

岩性为一套灰色酸性—中碱性火山熔岩和火山碎屑岩,包括流纹质、粗面质和粗安山质火山熔岩、凝灰岩、火山角砾岩与集块岩。厚350m以上。本组在实习区内分布局限,仅在区内北部的板厂峪以及东南蟠桃峪有少量出露。

(六)新生界(Kz)

新生代地层在实习区内仅有部分第四系分布在山前平原区,以冲洪积为主,其间夹海相层。晚更新世的地层为冲击亚砂土夹砂砾石层,含腹足类及哺乳动物化石;全新世的地层由冲积相、洪积相、海相、潟湖相的沉积物及风成沙形成。在秦皇岛至北戴河一带的全新世地层中,海相层厚度较大,占厚度的80%~90%。第四系一般厚20~80m。

三、岩浆岩与变质岩

(一)岩浆岩

实习区岩浆岩发育,岩石类型比较齐全,主要发育在新太古代(Ar_3)和中生代(Mz)(表3-2)。

1. 火山岩

区内火山岩主要分布于柳江盆地和后石湖山周围,为中侏罗统髫髻山组和上侏罗统张家口组,分别构成柳江古火山机构和后石湖山古火山机构。

表 3-2 秦皇岛北戴河地区岩浆岩一览表（据王家生，2011）

旋回	时代	侵入岩		火山岩	
		深成岩	浅成岩	喷出岩	火山碎屑岩
燕山期	K_1	碱性花岗岩、碱长花岗岩、似斑状花岗岩（120～125Ma）	花岗斑岩、细粒花岗岩、正长斑岩、辉绿岩、伟晶岩、细晶岩		
	J_3	花岗闪长岩、闪长岩（140～145Ma）	石英斑岩	流纹岩、粗安岩、粗面岩	集块岩、火山角砾岩、凝灰岩
	J_2	闪长岩、花岗闪长岩、石英二长岩、花岗岩（150～170Ma）	玻基辉橄岩、花岗斑岩	玄武安山岩、安山岩（155～165Ma，K-Ar）、粗安岩	集块岩、火山角砾岩、凝灰岩
五台期	Ar_3	中粗粒花岗岩（2494Ma）、中细粒花岗岩、闪长岩	伟晶岩、细晶岩		

1）柳江古火山机构

（1）火山作用特征。该古火山机构主要分布在响山杂岩体东侧，石门寨—上庄坨一线西侧，南起柳条庄，北至义院口，西起秋子峪—山羊寨一线，向东延至柳江煤矿和上庄坨一带，呈近南北向分布，出露面积约 $30km^2$，石河蜿蜒穿过古火山机构的北段。

该古火山机构明显受区域构造的控制，被严格限制在柳江向斜之内。向斜两侧发育有 3～4 条高角度断层组成的南北向断裂带，向斜西翼的断裂带破坏了该向斜的完整对称形态，并且对古火山机构的形成起到了控制作用。火山机构四周与不同时代的地层均呈明显的喷发角度不整合接触，接触面倾角在 20°～60°之间。构成火山机构的岩石类型主要有辉石—角闪质安山岩、安山质火山碎屑岩及潜火山岩等。

（2）主要岩石类型：杏仁状角闪安山岩；角闪安山岩；辉石安山岩；安山玄武岩；安山质含砾凝灰熔岩。

2）后石湖山古火山机构

（1）火山作用特征。该古火山机构主要分布在东塔-九门口北东向断裂带以南地区，北起朱清峪，南至燕塞湖，西起潘桃峪，东至三道关一带，出露面积约 $45km^2$，与新太古代黑云母花岗岩接触，产状具有由四周向内倾的特点。

该火山机构以后石湖山杂岩体为中心，呈近圆形至椭圆形、较规则的环形构造形态，从外向内发育喷发相、潜火山岩相。

该火山机构从岩石的结构、构造、产状及副矿物组合等方面分析，整个火山机构的不同岩石之间存在密切的联系，均为同时代的产物。

（2）主要岩石特征：流纹质玻屑凝灰岩；钾长流纹质晶屑凝灰熔岩；钾长流纹岩。

2. 侵入岩

本区侵入岩发育,分布范围比较广泛。根据岩浆演化特征、与围岩接触关系及同位素年龄资料,可分为新太古代和中生代燕山期两大岩浆活动旋回(表3-2)。

1)新太古代侵入岩(γ_1)

(1)地质特征。新太古代侵入岩分布广泛,以深成岩体为主,浅成岩体多呈脉状侵入到深成岩体中。区内侵入岩属于绥中花岗岩或秦皇岛花岗岩的一部分,东与辽西绥中花岗岩体相接,西向抚宁、卢龙一线延展,总体呈北东向展布,与区域构造线方向一致,构成山海关隆起的主体部分。

各种岩脉主要分布在花岗岩岩体中,反映岩浆活动晚期有富含流体的残余岩浆或后期产生的热液活动。

根据前人研究资料,本区花岗岩的同位素年龄为24.12~26亿年,联峰山黑云母花岗岩同位素年龄为25.52亿年,结合地质特征,本区花岗岩的形成时代为新太古代(Ar_3)。

(2)主要岩石特征。

a. 黑云母花岗岩(γ_1^{2-1}):黄褐色,中粗粒花岗结构、粒状变晶—花岗鳞片变晶结构,块状—似片麻状构造。主要矿物为石英、钾长石、斜长石,晶体普遍绢云母化,常被钾长石交代成港湾状、蠕虫状、缝合线状等。次生矿物有绢云母等。新鲜的岩石坚硬,风化强烈的呈松散砂粒状。

b. 二长花岗岩($\gamma\eta_1^{2-1}$):灰白—深灰色,中粗粒半自形—他形粒状结构或似斑状—不等粒花岗结构,块状构造,局部片麻状构造。主要矿物为石英、钾长石、斜长石,具环带构造,有时晶体内有微细的自形斜长石,成分偏基性。

c. 正长花岗岩($\xi\gamma_1^{2-2}$):浅肉红—黄褐色,中细粒变余半自形粒状—似斑状花岗结构,块状构造,局部似片麻状构造。主要矿物为石英、钾长石、斜长石、黑云母。在鸽子窝等地有出露,多呈小规模岩体侵入于上述黑云母花岗岩之中。

d. 碱长花岗岩($\kappa\gamma_1^{2-2}$):浅肉红色,主要由石英、钾长石、斜长石组成,含少量黑云母、绿帘石、白云母。分布范围小,在小东山等地有出露(王家生等,2011)。

2)中生代侵入岩(γ_5)

中生代侵入岩集中在燕山中晚期,其中燕山中期晚侏罗世侵入岩不发育,以中性—中酸性中浅成侵入体为主,包括闪长岩、花岗闪长岩、石英斑岩等。规模较小,在实习区不发育,主要有温庄(小刘庄)斑岩-汾岩体、石门寨西北北浴村西约200m处玻基辉橄岩岩墙、驻操营东侧近南北向闪长岩小岩株(面积<10km², 王家生等,2011)。晚燕山期(早白垩世)侵入体主要为实习区西部的响山杂岩体和东部的后石湖山杂岩体,分布于柳江向斜两侧。此外,还发育呈脉状产出的基性—酸性浅成侵入体(表3-2)。

(1)深成侵入岩。

a. 响山杂岩体:位于秦皇岛市北部的响山(祖山风景区),为一个花岗岩岩基,平面上呈长轴北北东向的不规则椭圆状,长轴延伸达25km,宽度为15km,出露面积约

217km²。实习区内仅分布该岩体的东部边缘,侵入于寒武系中。围岩接触变质明显,主要为大理岩化、矽卡岩化、角岩化,其次为蛇纹石化。中粗粒似斑状碱长花岗岩K-Ar同位素年龄为1.014亿年,属于早白垩世。

b. 后石湖山岩体(亦称山海关碱性花岗岩体):位于山海关西北约4km的后石湖山,平面上呈近圆形,出露面积约45km²。燕塞湖旅游风景区位于该岩体的南部边缘。岩体很规整,呈岩株产出,侵入于晚侏罗世张家口组火山岩及正常斑岩脉中,后两者呈环形和半环形分布在岩体周围。内接触带岩石结构明显变细,局部出现流动构造,外接触带火山岩有轻微的热接触变质现象和花岗岩枝侵入。

(2)浅成侵入岩。

a. 温庄(小刘庄)杂岩体:分布于石门寨—驻操营一线以东的温庄西部和小刘庄南部,呈多个椭圆状小岩株或岩床产出,形成于晚侏罗世,侵入于寒武系灰岩各层位之中。受岩体影响,灰岩发育微弱的绿帘石化。小刘庄岩体较大,东西长约1200m,南北宽约700m,岩性为正长斑岩和二长斑岩;其北部为温庄闪长玢岩体。

石英正长岩(ξo_5^{3-1}):为本区早白垩世最主要的浅成侵入岩类型,分布于实习区东北部,在燕塞湖及石门寨北、东和东南均有出露,多为小型岩株,沿断裂或不同时代地层与岩体的接触部位侵入。

b. 花岗闪长岩($\gamma\delta_5^{2-3}$)、闪长玢岩($\delta\mu_5^{2-3}$):花岗闪长岩出露于本区东北部,侵入于新太古代花岗岩中,灰白色,中粗粒结构,块状构造。闪长玢岩分布于本区北部,侵入于寒武系中,深灰色至浅灰黑色,斑状结构,块状构造。

c. 玻基辉橄岩(Σ):出露于石门寨西北的北峪村西约200m的小路上,呈岩墙产于中侏罗统髫髻山组火山碎屑岩中。

d. 辉绿玢岩($\beta\mu$):在亮甲山、石门寨西、燕塞湖等地呈岩墙或岩床产出。岩石呈暗绿色,细粒或隐晶质结构,块状构造,矿物成分有辉石、斜长石。

e. 中性浅成岩:主要有闪长玢岩和辉石角闪安山玢岩,呈岩墙产出。

f. 酸性浅成岩:如沙锅店的似斑状花岗岩墙,侵入于下奥陶统灰岩中。

g. 伟晶岩脉(ρ):是本区分布较广的浅成岩,主要侵入于新太古代花岗岩中。

(二)变质岩

区内变质岩类型较齐全,区域变质岩、接触变质岩、动力变质岩和混合岩均有发育。区域变质岩是主要的类型,可分为表壳岩和深成岩,出露面积较小,主要位于响山南部,即实习区西侧的朱家峪、蚂蚁沟和408医院一带。本区新太古代区域变质岩形成于距今3000~2800Ma(王家生等,2011)。变质表壳岩在本区称作双山子群,主要岩性为黑云斜长变粒岩、绢云母石英片岩、斜长角闪岩、浅粒岩、角闪磁铁石英岩,局部发育大理岩。变质深成岩在本区为安子岭片麻岩套,岩性主要有花岗质片麻岩、中粗粒角闪斜长片麻岩、黑云角闪斜长片麻岩等。此外,还发育呈岩墙产出的变质基性岩。它们普遍遭受角闪岩相区域变质作用。

在实习区内,区域变质岩仅以大小不等的包体(捕房体、暗色岩浆包体)产于新太古代花岗岩和中生代花岗岩中,在金山嘴、联峰山顶等地较发育。

此外,在侵入体与地层的接触部位多发育接触变质作用形成的矽卡岩、大理岩、角岩等;在断裂带内发育动力变质作用形成的构造角砾岩、糜棱岩等。

四、地质构造

本区的地质构造主要见于北部,即石门寨柳江盆地的向斜构造,其周围有一些次级褶皱以及一系列较为复杂的断裂构造,如图3-2所示。

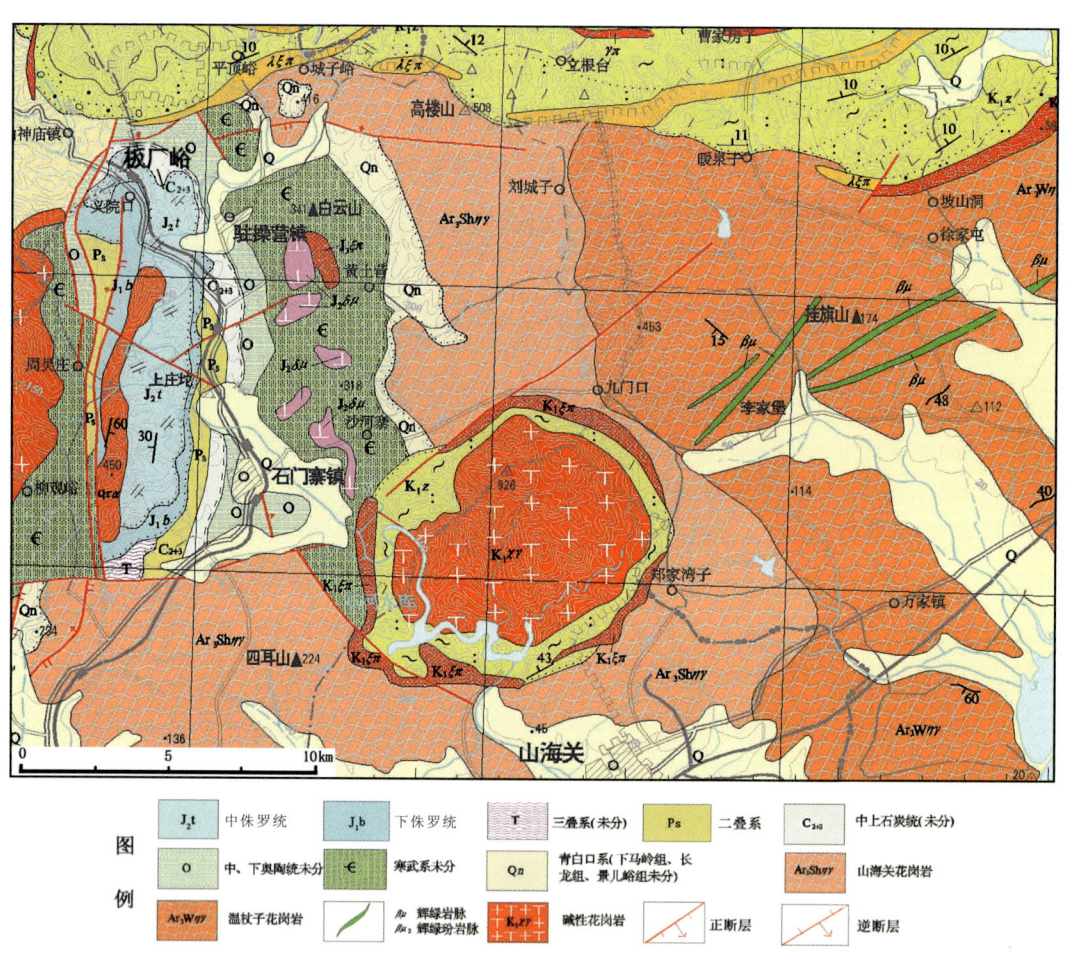

图3-2 实习区地质构造简图

(据2003年中国地质大学(北京)地调院青龙县幅改编)

(一)褶皱

1. 柳江向斜

柳江向斜位于山海关西北约20km处,为一轴向近南北向的不对称褶皱,北起城子峪,南到石龙山、南林子一线,长约20km;东起娃娃峪、张崖子,西至王庄、山羊寨一

图 3-8 花岗岩组成的陡崖式基岩台地（鄢志武 摄，2016）　　图 3-9 建在火山岩陡峭山脊上的明长城（凌峰 摄，2016）

在北部地区的板厂峪广泛出露下白垩统的火山流纹岩及凝灰岩，组成的地貌多为陡峭的山峰。由于此处历来为兵家必争之地，所以北齐长城、明朝早期的长城、明朝晚期的长城均建在该地层形成的陡峭山脊上(图 3-9)。

其他第四系全新统海积沙层、砂砾层组成的海滩地貌，在安全有保障的情况下，适合做亲水游泳等水上游乐活动。戴河和大石河沿岸及其入海口为现代河流地貌和小规模的三角洲地貌。

七、柳江国家地质公园概述

实验区地处国土资源部批准成立的"河北秦皇岛柳江国家地质公园"范围内，所以专门增加了这部分的内容。

(一)地理位置

柳江国家地质公园位于河北省秦皇岛市北部，南临渤海，北依燕山，东与辽宁接壤，西与唐山毗邻。面积 650km²，2002 年成为与黄山、峨眉山、敦煌雅丹、黄河壶口瀑布等地同时入围的我国第二批 33 个地质公园之一。其核心距市区约 15km，地理坐标为：北纬 40°2′00″—40°14′00″，东经 119°30′00″—119°40′00″，大部分属抚宁区所辖，长城以外地区属青龙县。该地质公园核心部分为柳江盆地，属暖温带半湿润大陆性季风气候，四季分明。年平均气温 10.1℃，平均降水量 744.4mm，76% 降水集中于 6~8 月。

(二)地形地貌

该盆地为南北延伸的低山丘陵区，其北、东、西三面被陡峻的高山所包围。贯通盆地的大石河是本区最主要的水系，自西北流向东南，出盆地后在山海关的南侧入渤海。盆地内丘陵一般海拔 200~300m，最高的山为老君顶，海拔 493.7m。该区以底山与浅切割丘陵区为主，地势北高南低，西高东低。总体表现为：沟谷纵横，山脊重叠，山脊走向多为南北向，西部山势陡峻，东部坡缓谷宽，波状起伏。区内大多地段海拔标高小于500m，最高为刘家房西743高地；最低为小部落南，不足50m；盆地中南海拔标高一般在200～300m之间。柳江盆地为一向斜构造，地层分区属于华北—东北南部区的燕山分区的山海关小区。区域地层特征属典型的华北地台型。前青白口纪的变质岩广泛分布于盆地的外围，晚元古界、古生界则分布于向斜的两翼，中生代地层与燕辽一带极为相似，但本区仅见有侏罗系出露于向斜的核部。

柳江盆地所在地区是一个由古老变质岩系所组成（并有广泛出露）的蓟县—山海关隆起的边缘部分发育起来的向斜构造盆地。晚元古代青白口纪地壳下沉，接受沉积。因此它是由晚元古代青白口纪、古生代、中生代地层所组成的向斜构造盆地。柳江向斜基本上为一南北向延伸的不对称甚至局部倒转的向斜。西翼产状陡峻，西翼南部秋子峪—山羊寨一带产状发生倒转，而东翼产状平缓稳定。该不对称的向斜轴部紧靠西翼，因此出露的地层宽度东翼是西翼的5倍或更多。柳江向斜的基底为太古代古老的混合岩。混合花岗岩等变质岩出露于向斜盆地的北部、东部及南部边缘。在老变质岩系之上有一不整合面（吕梁运动造成的），其上为晚元古代青白口纪岩系及以后各代地层。向斜的西部及东南部外缘为中生代燕山期花岗岩侵入，构成了险要的山地。

（三）地质特征

柳江盆地由古生代—中生代侏罗纪地层构成。南部、东部为混合花岗岩，西部为中生代花岗岩，北部由中生代酸性喷发岩组成。柳江盆地为一向斜构造即柳江向斜。核部为侏罗纪地层、翼部为古生代地层，并发育次一级小褶皱。两翼不对称，西翼陡（岩层倾角一般>45°，甚至>60°，有的地方发生倒转），东翼缓（倾角一般<30°），柳江向斜南北两端均为东西向断裂所限，向斜西翼走向断层及倾向断层较发育，东翼则以斜交断层为多。节理在区内亦较普遍。

（四）柳江盆地"地质博物馆"

柳江盆地地层齐全，出露好，地层剖面典型，加之种类繁多的动植物化石和较全的地质构造类型，是大自然留给我们的一座完好的"地质博物馆"，是一部天然的地壳演化史百科书。这里已经成为高等院校地质专业师生考察实习的极好场所。按照"秦皇岛市旅游发展规划"，柳江盆地将逐步建成地质科学考察旅游景区和地质自然保护区。

第四章 实习区旅游资源

一、旅游资源分类

旅游资源是旅游业发展的基础和主要吸引物。秦皇岛旅游资源十分丰富,自然旅游资源以"山、海"风景闻名,人文旅游资源以"关、城"景观取胜。

(一)自然旅游资源

1. 山岳景观

实习区属燕山山系,境内山地分布较广,山岳型旅游地主要有角山、联峰山、板厂峪、祖山、都山等。祖山,被誉为"塞北小黄山",位于青龙县境内,是1亿年前燕山造山运动的花岗岩侵入体,经过多年隆升、断裂、风化、剥蚀等地质过程形成的一座独立山体,由于渤海以北、燕山以东诸峰都是由它的分支绵延而成,故以"群山之祖"命名,最高峰天女峰,海拔1428m,是秦皇岛港的显著航标。都山,位于青龙满族自治县县城西北15km处,地处燕山山脉东段,山峦起伏,群峰陡峻,最高峰海拔1846.3m,为秦皇岛境内最高峰,河北省第三高山。联峰山是北戴河区最高点,最高峰东联峰山,海拔153m。

2. 滨海景观

广阔的海域是秦皇岛旅游资源的一大优势(图4-1)。境内海岸线长达126.7km,水域面积达1805.27km²。海岸类型多种多样,有20.5km的岩石岸线,多由花岗岩或变质岩构成,断续分布于老龙头、东山、金山嘴一带,岸线曲折,岬湾相间,峭壁危崖,礁石嶙峋,形成了北戴河鹰角岩、老虎石、金山嘴等一系列著名的海蚀地貌景观。沙质海岸分布在北戴河口至大清河口,是在海流及波浪作用下由泥沙堆积形成的,地势平坦,岸线平直,分布着许多国内外知名的优质浴场,如北戴河、南戴河、黄金海岸等。此外,还形成了一系列沙滩、沙丘、沙岛、链状沙洲、连岛沙坝、潟湖等海积地貌景观,如位于黄金海岸南端,由于泥沙沉淀封闭海湾而形成的我国华北最大的潟湖——七里海。

3. 河流及水库景观

秦皇岛境内河流众多,分属滦河水系和滦河东沿海诸河,其中属滦河水系的15条,

图 4-1 北戴河海滨(姜涛 摄,2014)

属于滦河东独流入海的河流 33 条,共 48 条。流域面积在 $100km^2$ 以上的河流 23 条,其中属滦河水系的 11 条,属滦河东独流入海的河流 12 条。实习区较大的河流有滦河、戴河、石河、新河等。拦河成坝,形成了石河水库(燕塞湖)、桃林口水库等水库景观。

4. 生物景观

1)鸟类

秦皇岛鸟类资源丰富,物种和生活环境多样,有着百年观鸟的历史,被誉为"中国观鸟之都",也是世界"四大观鸟基地"之一。北戴河发现的鸟类有 20 目 61 科 416 种,约占我国鸟类总数的 1/3,其中属国家重点保护的有 68 种,可看到鸥类 18 种、天鹅 3 种、鹤类 6 种。列入国家一类保护的鸟类有白鹳、白鹤、金雕、丹顶鹤等 7 种,国家二类保护鸟类 54 种,省级保护鸟类 28 种。境内著名的鸟类还有红脚隼、大杜鹃、北京雨燕、黑卷尾、黄鹂、大苇莺、灰顶伯劳、草鹭、黄斑苇、斑嘴鸭、青头潜鸭、白额燕鸥、黑雉等。

秦皇岛生态资源丰富,被国际湿地保护组织命名的"北戴河湿地"是我国最大的城市湿地,面积达 50 多万亩,森林有 6600 多公顷,为鸟儿们提供了丰富的食物。每到春、秋鸟类迁徙时节,北戴河都会迎来众多的国内外观鸟爱好者,形成了诸多的观鸟地域,如山海关区的石河入海口、燕塞湖,海港区的植物园、人民公园、汤河入海口;北戴河的森林湿地公园、鸽子窝公园、联峰山公园;抚宁区的洋河入海口、七里海、滦河入海口;青龙满族自治县的祖山等山川河谷;卢龙县的桃林口水库、桃林口村等水域,见图 4-2。

2)动物园(馆)

秦皇岛野生动物园位于北戴河海滨国家森林公园内,是 AAAA 级景区,占地

图 4-2 湿地观鸟(姜涛 摄,2012,2013)

344ha,是我国城市中规划面积最大、森林覆盖率最高的野生动物园。园内放养着 80 余种、5000 多只动物,有东北虎、非洲狮、长颈鹿、斑马、棕熊、黑天鹅、麋鹿、亚洲象、美洲虎、猩猩、绿孔雀等。此外,燕塞湖景区还拥有鸟语林、松鼠园等景点。

新澳海底世界位于海港区河滨路,是由中国与澳大利亚合资兴建而成,集科普教育、观赏娱乐于一体,以展示海洋生物为主的综合性博览馆。主要由海豚表演馆、小池区、企鹅馆、海豹馆、海底隧道等组成。

3)森林公园

秦皇岛海滨国家森林公园位于北戴河区与海港区之间。1950 年,当地沿海岸线开始大规模植树造林。到 1970 年,沿海防护林体系基本形成,面积大约为 999.88ha,

成为全国城市建成区内最大的人工林地。1993年,经林业部(现为国家林业局)批准为国家级海滨森林公园。

山海关国家森林公园,距山海关城北4km,总面积48.8km²。森林公园涵盖山海关、老龙头、姜女庙、角山、燕塞湖等景区,有木本植物52科104属合计210种。

4)农业景观

昌黎县享有"中国波尔多"的美誉,先后被授予"中国干红葡萄酒之乡""中国酿酒葡萄之乡"和"中国干红葡萄酒城"等称号。昌黎葡萄沟,沿海的大部分海域属于一类海水,阳光温暖和煦,年平均气温11℃,最热月7月份平均气温为25℃,年平均降水量730mm,全年日照2816.6h,土壤肥沃,是"葡萄酒种植的黄金地带",在这里诞生了中国第一瓶干红葡萄酒。昌黎葡萄栽培历史已有400余年,最古老的葡萄树有180岁的高龄,依然枝繁叶茂,硕果累累。有早、中、晚熟葡萄品种100余种,每年从7月到11月可以品尝到不同种类和品位的葡萄。

青龙县苹果种植面积达20余万亩,为重要的林业和水果生产县,被国家林业局授予"中国苹果之乡"称号。该区域土壤、气候条件优越,种植苹果优势明显。地处寒暖温带交界处,光照充足,昼夜温差大,使得果品的含糖量较高;土壤为片麻石岩发育的褐土,保肥保水,通透性好,果品光洁艳丽、品质极优。

山海关区自1985年开始栽植大樱桃,目前栽植面积已达3.2万亩,年产量超2万t,产值达3亿元,是国家级大樱桃生产标准化示范区。主栽品种有红灯、意大利早红、美早、萨蜜豆、黄香蕉、拉宾斯、萨米脱、滨库等20多种,品种分为早、中、晚3类。该地区已建成北方最大的新品种大樱桃苗木基地,从2006年开始,每年都会举办"山海关大樱桃节"。

5. 气候与天象

秦皇岛夏季平均气温25℃,是我国著名的避暑圣地,也是党中央领导人夏季办公所在地。市区森林覆盖率达到54%,北戴河人均公共绿地达630m²,居全国首列,每年空气质量在一、二级以上的天数占85%以上,被誉为"空气维生素"的负氧离子数量高达10 000个/m³,是国内著名的避暑疗养度假地。天象景观主要有:角山的山寺雨晴、瑞莲捧日及鸽子窝的浴日奇观。

(二)人文旅游资源

秦皇岛历史悠久,底蕴丰厚。两千余载的岁月长河里,留下了夷齐让国、秦皇求仙、姜女寻夫、汉武巡幸、魏武挥鞭、唐宗驻跸等众多历史典故,境内有秦皇行宫遗址、求仙入海处、天下第一关、老龙头、姜女庙、韩文公祠、名人别墅群等众多人文遗迹。全市共登记不可移动文物619处,全国重点文化保护单位11处,文物藏品5000多件;拥有在册非物质文化遗产97项,其中国家级5项。长城博物馆、玻璃博物馆、港口博物馆、北戴河博物馆、轮滑博物馆、青龙民族博物馆等12个博物馆,承载着这座城市的历史文明,也是与世界交流的平台。

1. 历史文化

1）碣石文化

秦皇岛是古之"碣石"所在之地,相传公元前215年,千古一帝秦始皇东巡至此,派人入海求仙,刻《碣石门辞》,秦皇岛由此得名。魏武帝曹操在此观海抒怀,写下了"东临碣石,以观沧海"的不朽名句,一代明君李世民也到此赋诗,显示了秦皇岛丰富的历史底蕴和无穷魅力。一代伟人毛泽东也在此抒怀,写下传世佳作《浪淘沙·北戴河》,碣石文化在当代中国再度引起关注。

2）孤竹文化

孤竹国诞生于夏,是冀东地区最早出现的国家,3000年前商代的北方大国。孤竹国从立国到灭亡有940多年的历史(约公元前1600年—公元前660年)。商朝初年,商封墨氏为孤竹君,建立孤竹国,这标志着冀东文化已高度发达。同时,孤竹先民还是典型的礼仪、文明之邦,史料记载可追溯至3600余年前。

秦皇岛卢龙县迄今已有3500多年的历史,上古唐尧之世属冀州之域,隋唐以来县城曾为郡、州、府、县治所。2009年,卢龙被命名为"中国孤竹文化之乡",成为山海关和抚宁区之后,秦皇岛的第三个国字号文化传承基地。史志所载,商朝时这里曾是孤竹国的国都,春秋战国至秦、汉时期,这里是辽西郡,西汉著名将领李广也曾在此地驻守。卢龙历史上的称谓多达十几个,隋开皇十八年,即公元598年,始称卢龙。在中学课本、史料记载和诗文传颂中,人们常见的辽西、龙城、右北平、卢龙塞、永平府等称谓指的都是这里。唐朝诗人王昌龄的名句"但使龙城飞将在,不教胡马度阴山",其"龙城"也是指河北卢龙。在这里,先后出土多件孤竹国时期的青铜鼎、青铜簋、金手镯等贵重物品,有的带有箕、卜的铭文,为商末重臣箕子之物,是为箕子嫁女孤竹的嫁妆。

2. 长城文化

"两京锁钥无双地,万里长城第一关。"秦皇岛境内有长城245km,有18个关口、77座烽火台、385个敌台。长城文化包括山海关、老龙头、角山长城等建筑与军事设施,还包括与长城相关的人物,如秦始皇、孟姜女等,是天然的长城博物馆。

秦皇求仙入海旅游景区,由阙门、秦始皇求仙雕像、战国风情、求仙殿、仙人祠等景点组成。求仙殿是仿秦式建筑,高大雄伟,富丽堂皇,沿高高的台阶拾级而上,进入殿的大门,迎面是一张《秦统一形势图》,再往里走可以看到立木为信、五羊皮大夫、王翦出征、实行郡县制、秦始皇劝架、秦始皇拜荆求师、韩忠入海求仙等仿真场景,开发人员运用现代化的声光电技术,将这些历史典故与传说完整地展现出来,趣味性和知识性并存。秦始皇求仙雕像高6m,重80t,是一座花岗岩巨型雕像,其面朝大海,双手高举酒爵,表情虔诚,栩栩如生,雕像两旁是威风凛凛的兵马俑,甬道中还摆放着象征帝王权力的9只巨鼎。

3. 建筑与设施

1) 特色别墅群

北戴河区是中国仅次于庐山的第二大别墅区。到1949年,北戴河区共建成中外人士别墅719幢,目前保存完好的有130余幢,现已开发8幢各有特色的老别墅。这些建筑多以红顶、素墙、大回廊为特点,荟萃了欧美多种建筑形式。2006年6月,北戴河近代建筑群被公布为全国第六批重点文物保护单位。20世纪初诞生的中国第一张旅游招贴画上,画的就是北戴河海滨撑洋伞、穿泳装的女子。20世纪30年代,北京大学才女陈蘅哲教授评论说:"论北戴河区的特点,一是西洋化,二是时髦。"加上近代史上康有为、徐世昌、张学良、顾维钧、周学熙等风云人物,以及新中国成立后毛泽东等领袖人物在北戴河区的活动和文学创作,北戴河区被赋予了中西融合的浓厚人文色彩,同时,这里还保存有一系列与北戴河区有关的历史文化名人雕像。比较有名气的别墅有:瑞士乔和别墅(又称瑞士小姐楼)、章家楼、五凤楼、王振民别墅、东金草彦别墅、东岭会教堂、华文学校等。

2) 主题公园

怪楼奇园位于东山鹰角亭南边,占地99亩。北戴河原有一处怪楼,哥特式风格,是北戴河老二十四景之一,初建者为美国林学博士辛伯森。1991年,在原基础上复建,并增辟奇园,由著名漫画家华君武题写"怪楼奇园",概括了景区怪景、奇景99处。怪楼内山石瀑布,楼道索桥,多门多屋,真假难辨;奇园青松翠柏、绿树成荫。另外,还有俄罗斯风情木屋、露天灯光舞台和秋千、吊椅等休闲娱乐设施。整个景区说奇不奇,不奇也奇,说怪不怪,不怪也怪。

碧螺塔酒吧公园位于北戴河海滨小东山,主建筑碧螺塔为东山地区最高点,是世界独一无二的海螺形螺旋观光塔。登塔远眺,茫茫大海尽收眼底,早观日出,晚看篝火,被北戴河区旅游局指定为海上垂钓、沙滩篝火基地,并组建了潜水游艇俱乐部。

3) 特色博物馆

秦皇岛博物馆资源丰富,主要有玻璃博物馆、港口博物馆、鸟类博物馆、长城博物馆等。

玻璃博物馆是我国第一家国有玻璃专题博物馆,建筑遗址为国家级文物保护单位耀华玻璃厂旧址,占地11.25亩,建筑面积2822m^2,集收藏、研究、教育、展示、休闲功能于一体。博物馆从我国玻璃文化的开端,到我国历代玻璃工艺的演变以及玻璃工业辉煌鼎盛时期进行了详细展示。

港口博物馆以秦皇岛港发展史为基本脉络,分为港口起源、古代碣石港、近代自开港、现代枢纽港四大主题。采取文字说明、图片展示、文物展览、模型演示、三维动画、场景再现等多种形式,普及港口文化知识,展示秦皇岛港口形成、发展、壮大的过程,介绍百年大港悠久的历史文化。

鸟类博物馆是设计者根据"秦皇岛外打鱼船,泊于海湾"的意象,利用已有的建筑,融合该场地特有的海风,进行一系列诗意的创作和表达之后建成的独特建筑,整个风格重视建筑的文化性格,造型纯净、雅致,延续了带状乔木林和灌木丛的肌理,采用谦逊与隐蔽的姿态与环境共同构成统一的大地景观。通过形体的穿插变化,产生丰富的明暗效果,实现体量的虚实对比,能够为参观者提供多种空间体验。

4) 体育场馆设施

秦皇岛市拥有4个国家级体育训练基地,并建有20多个与体育项目有关的运动场所,如奥林匹克公园、奥体中心等。奥林匹克公园是国内第一个以奥林匹克为主题的公园,由主题雕像、音乐喷泉、58件单体雕像、奥林匹克浮雕墙、中国30位奥运冠军的手足印及签名组成,园内建有国际标准化的轮滑场地及轮滑博物馆。奥体中心涵盖多种体育设施及配套设施,承办过多起国内外重大赛事,是运动、休闲的主要场所。

4. 旅游商品

1) 旅游工艺品

秦皇岛石塘路市场是北戴河最大的购物场所。市场经营项目有珍珠项链、水晶项链、工艺品、旅游纪念品、干鲜海产品和服装等30个大类,1000多个品种。其中,项链工艺品专业市场是目前全国最大的项链工艺品市场。

2) 特色美食

秦皇岛特色美食主要是各种海鲜,以螃蟹、铁板蟹、皮皮虾、干贝、梭鱼、墨斗鱼、带鱼、鱿鱼、海螺、毛蛤等品种居多。此外,还集中了许多地方风味的名优特产,如京东板栗、南大寺水蜜桃、昌黎蜜梨、石门核桃、胜利苹果、葵花苹果等。元鱼酒、秦雪啤酒、北戴河杨肠子火腿肠也深受欢迎。

5. 旅游节庆

1) 山海关长城文化节

山海关长城文化节由秦皇岛市旅游局主办,展现山海关长城文化,每年9月份举行,主要活动有参观冀东民俗风情表演,书法、绘画、摄影大赛,荷花仙子出游等。

2) 孟姜女庙会

孟姜女庙会由秦皇岛市海港区旅游局主办,时间为每年的农历四月十八。1979年姜女庙正式对外开放,1991年农历四月十八开始举行孟姜女庙会。节庆期间,有大秧歌、二人传、杂耍、琵琶弹唱、太平鼓奏乐等民俗表演。

3) 望海祈福大会

望海大会,民间俗称"逛码头",海港区委、区政府自1992年起于每年的端午节在秦皇求仙入海处举办。该节事源于公元前215年秦始皇东巡到此拜海求仙的历史典故,据传当时秦始皇派方士携童男童女入海寻找长生不老之药,孩子们的父母及亲人日夜思念,全都聚集到海边眺望远方,盼望孩子能早日回家。受传说典故影响,这里也形成了望海祈求全年平安的民俗。

此外,还有昌黎葡萄采摘节、山海关大樱桃采摘节、昌黎沙雕艺术节、长寿山登山节、公牛啤酒节、欢乐海洋节、祖山杜鹃花节、段家沟李子采摘节等形式各异的节事活动。

6. 体育赛事

2008年,秦皇岛作为北京奥运足球赛的分赛场,积累了许多体育赛事的比赛经验,也结合当地的条件举办了各类赛事。主要体育节事有:中国北戴河首届沙滩时尚球类大赛、轮滑节、自行车锦标赛、沙滩排球大赛等。

(三)实习区旅游资源分类(国标分类)

旅游资源分类标准《旅游资源分类、调查与评价》(GB/T 18971—2003)中,依据旅游资源的性状,即现存状况、形态、特性、特征,将旅游资源分为8个主类,31个亚类,155个基本类型。其中地文景观、水域风光、生物景观、天象与气候属于自然旅游资源,遗址遗迹、建筑与设施、旅游商品、人文活动属于人文旅游资源。实习区主要旅游资源分类见表4-1。

表4-1 实习区旅游资源分类表

主类	亚类	基本类型	典型代表
A 地文景观	AA 综合自然旅游地	AAA 山丘型旅游地	长寿山、联峰山、角山、祖山、板厂峪
		AAB 谷地型旅游地	石河河谷
		AAD 滩地型旅游地	北戴河河滩(东海岸浴场、东山宾馆浴场、金山嘴浴场)、南戴河河滩、黄金海岸
		AAG 垂直自然地带	板厂峪生物垂直分带
	AB 沉积与构造	ABA 断层景观	柳江盆地石门寨西门的亮甲山组、景儿峪组、徐庄组、鸡冠山等断层
		ABB 褶曲景观	蟠桃峪、板厂峪、花场峪、柳观峪、鸡冠山-汤河地堑、武庄-傍水崖断裂带
		ABC 节理景观	鸡冠山顶部节理现象
		ABD 地层剖面	柳江盆地亮甲山标准地层剖面、本溪组-下花园组
		ABE 钙华与泉华	灵仙洞钙华现象
		ABF 矿点矿脉与矿石积聚地	青龙满族自治县金矿、昌黎煤矿、青龙铁矿
		ABG 生物化石点	灵仙洞斑鬣狗化石、柳江盆地生物化石点
	AC 地质地貌过程形迹	ACA 凸峰	熊盖顶
		ACB 独峰	天女峰、仙台顶
		ACC 峰丛	祖山、板厂峪群峰
		ACD 石(土)林	乱刀峪石林、石筒峡
		ACE 奇特与象形山石	老虎石、鹰角石、金山嘴、莲花石、月亮石、燕塞湖龟石、板厂峪慈母像、仙人桥
		ACF 岩壁与岩缝	板厂峪石筒峡、一线天
		ACG 峡谷段落	冰糖峪大峡谷、祖山原始森林大峡谷、龙潭峡、飞瀑谷、石筒峡
		ACK 堆石洞	板厂峪老虎洞

续表 4-1

主类	亚类	基本类型	典型代表
A 地文景观	AC 地质地貌过程形迹	ACL 岩石洞与岩穴	联峰山桃源洞、卧佛洞、板厂峪灵仙洞、老虎洞
		ACM 沙丘地	鸽子窝大潮坪、黄金海岸沿海沙丘、翡翠岛
		ACN 岸滩	中海滩、东海滩、西沙滩、老虎石海滩、黄金海岸海滩
	AD 自然变动遗迹	ADE 火山与熔岩	板厂峪亿年火山
	AE 岛礁	AEA 岛区	翡翠岛、仙螺岛
		AEB 岩礁	东山岬角、老虎石礁石、金山咀
B 水域风光	BA 河段	BAA 观光游憩河段	北戴河、南戴河、滦河、金丝河、汤河、石河青龙河、饮马河
	BB 天然湖泊与池沼	BBA 观光游憩湖区	鸳鸯湖、燕塞湖、天马湖、碣阳湖、七里海潟湖
		BBB 沼泽与湿地	北戴河森林湿地、滦河口湿地、新河湿地、鸽子窝公园河口湿地
		BBC 潭池	祖山七龙潭、板厂峪小龙潭
	BC 瀑布	BCA 悬瀑	礁石瀑布、九道缸瀑布
		BCB 跌水	石简峡跌水
	BD 泉	BDA 冷泉	联峰山福饮泉
		BDB 地热与温泉	青松岭含汤杖子温泉、崔庄温泉
	BE 河口与海面	BEA 观光游憩海域	鸽子窝公园海面、老虎石海滩、山东堡海域
		BEB 涌潮现象	滦河河口、大石河河口、洋河河口、翡翠岛、鸽子窝公园
		BEC 击浪现象	老虎石海浪击石
C 生物景观	CA 树木	CAA 林地	联峰山森林、翡翠岛林地
		CAB 丛树	油松、华北落叶松、侧柏、栎树、槐树林
		CAC 独树	联峰山油松
	CB 草原与草地	CBA 草地	板厂峪草甸
		CBB 疏林草地	昌黎大平顶草原
	CC 花卉地	CCA 草场花卉地	祖山天女木兰园、角山樱花园、板厂峪槐花
		CCB 林间花卉地	卢龙段家沟、板厂峪梨花、桃花
	CD 野生动物栖息地	CDA 水生动物栖息地	白鹤、金雕、丹顶鹤、白鹳
		CDB 陆地动物栖息地	野生动物园、燕塞湖松鼠园
		CDC 鸟类栖息地	鸽子窝海鸥栖息地、燕塞湖鸟语林

续表 4-1

主类	亚类	基本类型	典型代表
D 天象与气候景观	DA 光现象	DAA 日月星辰观察地	鸽子窝公园浴日奇观、角山瑞莲捧日
		DAB 光环现象观察地	角山佛光
	DB 天气与气候现象	DBA 云雾多发区	角山、板厂峪云海
		DBB 避暑气候地	北戴河、沿海浴场
		DBE 物候景观	鸽子窝观鸟、河流湿地观鸟
E 遗址遗迹	EA 史前人类活动场所	EAA 人类活动遗址	明长城砖窑群、商代孤竹文化遗址
		EAC 文物散落地	孤竹文化考古
	EB 社会经济文化活动遗址遗迹	EBA 历史事件发生地	秦始皇入海求仙遗址、秦皇行宫遗址、卢龙县元代码头遗址
		EBB 军事遗址与古战场	老龙头、山海关城、板厂峪长城砖窑遗址、山海关八国联军军营旧址、山海关总兵府遗址、山海关太傅庙
		EBC 废弃寺庙	源影寺、昌黎韩文公祠、山海关三清庙
		EBD 废弃生产地	耀华玻璃厂旧址、山海关南大街绸布庄
		EBE 交通遗迹	津榆铁路基址、山海关近现代铁路附属建筑
		EBF 废城与聚落遗迹	秦行宫遗址、秦皇宫、卢龙古城、孤竹国文化遗址、山海关古城
		EBG 长城遗迹	角山长城、山海关、老龙头、北齐长城、板厂峪明长城
		EBH 烽燧	角山长城敌台、老龙头靖卤一号敌台、板厂峪倒挂长城
F 建筑与设施	FA 综合人文旅游地	FAA 教学科研实验场所	燕山大学
		FAB 康体游乐休闲度假地	南戴河第一浴场、北戴河名人别墅区、国际滑沙中心、秦皇岛海上运动场、昌黎沙雕大世界、紫云山滑雪场
		FAC 宗教与祭祀活动场所	角山栖贤寺、关帝庙、海神庙、姜女庙、观音寺、如来寺
		FAD 园林游憩区域	滨海森林公园、鸽子窝公园、联峰山公园、碣石园、老虎石海上公园
		FAE 文化活动场所	秦皇岛亚运村、鲁迅公园、奥林匹克运动中心、北戴河拓展基地、山海关长城博物馆、碧螺塔公园
		FAF 建设工程与生产地	昌黎县葡萄沟、耀华玻璃生产线、首钢板材生产线、山海关船厂
		FAG 社会与商贸活动场所	秦皇岛港、段家沟农业生态园、华夏葡萄酒庄园、港务局码头、朗格斯酒庄、亚运村海上运动场、青松岭度假狩猎场

续表 4-1

主类	亚类	基本类型	典型代表
F 建筑与设施	FA 综合人文旅游地	FAH 动物与植物展示地	燕塞湖鸟语林、野生动物园、鸽子窝公园、新澳海底世界、山海关海洋水族馆
		FAI 军事观光地	山海关古城防御体系、老龙头靖卤台、宁海城、龙武营、把总署、守备署
		FAK 景物观赏点	鹰角亭、观海长廊、毛泽东观日出处、临风亭等
	FB 单体活动场馆	FBB 祭拜场馆	秦始皇求仙入海处仙人祠
		FBC 展示演示场馆	山海关王家大院民俗博物馆、山海关长城博物馆
		FBD 体育健身馆场	亚运村体育训练中心、海上运动中心、紫云山滑雪场、森林体育公园
		FBE 歌舞游乐场馆	新澳海底世界、怪楼奇园、南戴河娱乐中心、国际滑沙中心、仙螺岛游乐中心、金色年华俱乐部、海洋之星
	FC 景观建筑与附属型建筑	FCA 佛塔	板厂峪塔
		FCB 塔形建筑物	联峰山镇山宝塔、碧螺塔、板厂峪塔
		FCC 楼阁	鸽子窝鹰角亭、联峰山望海亭；老龙头澄海楼；钟亭、中海滩望龟亭、望海长廊
		FCD 石窟	张仲景石窟、李时珍石窟、神医华佗石窟
		FCE 长城段落	山海关长城、老龙头入海石城、角山长城、长寿山三道关长城、板厂峪长城、董家口长城
		FCF 城（堡）	山海关城
		FCG 摩崖字画	辽代的碣石山摩崖石刻、天马山石刻、联峰山碣石文化石刻、百福苑
		FCH 碑碣（林）	老龙头"天开海岳碑"、长寿山寿字碑林
		FCI 广场	人民广场、新天地广场
		FCJ 人工洞穴	卧佛洞
		FCK 建筑小品	中海滩鲁迅园、鸽子窝毛主席雕像
	FD 居住地与社区	FDA 传统与乡土建筑	冀东民居建筑、耀华老厂部分建筑、山海关传统四合院
		FDB 特色街巷	山海关古文化一条街、燕山大学小吃一条街
		FDC 特色社区	秦皇岛别墅区、疗养院
		FDD 名人故居与历史纪念建筑	李大钊革命纪念馆、冀东抗战纪念馆、联峰山林彪楼、张学良将军楼、王家大院、山海关总兵府、兵部分司署
		FDG 特色店铺	山海关古城特色店铺
		FDH 特色市场	石塘路市场、沿海码头市场

表 4-2 旅游资源评价赋分标准

评价项目	评价因子	评价依据	赋值
资源要素价值（85分）	观赏游憩使用价值（30分）	全部或其中一项具有极高的观赏价值、游憩价值、使用价值	30～22
		全部或其中一项具有很高的观赏价值、游憩价值、使用价值	21～13
		全部或其中一项具有较高的观赏价值、游憩价值、使用价值	12～6
		全部或其中一项具有一般的观赏价值、游憩价值、使用价值	5～1
	历史文化科学艺术价值（25分）	同时或其中一项具有世界意义的历史价值、文化价值、科学价值、艺术价值	25～22
		同时或其中一项具有全国意义的历史价值、文化价值、科学价值、艺术价值	21～13
		同时或其中一项具有省级意义的历史价值、文化价值、科学价值、艺术价值	12～6
		历史价值、或文化价值、或科学价值、或艺术价值具有地区意义	5～1
	珍稀奇特程度（15分）	有大量珍稀物种，或景观异常奇特，或此类现象在其他地区罕见	15～13
		有较多珍稀物种，或景观奇特，或此类现象在其他地区很少见	12～9
		有少量珍稀物种，或景观突出，或此类现象在其他地区少见	8～4
		有个别珍稀物种，或景观比较突出，或此类现象在其他地区较多见	3～1
	规模、丰度与几率（10分）	独立型旅游资源单体规模、体量巨大；集合型旅游资源单体结构完美、疏密度优良级；自然景象和人文活动周期性发生或频率极高	10～8
		独立型旅游资源单体规模、体量较大；集合型旅游资源单体结构很和谐、疏密度良好；自然景象和人文活动周期性发生或频率很高	7～5
		独立型旅游资源单体规模、体量中等；集合型旅游资源单体结构和谐、疏密度较好；自然景象和人文活动周期性发生或频率较高	4～3
		独立型旅游资源单体规模、体量较小；集合型旅游资源单体结构较和谐、疏密度一般；自然景象和人文活动周期性发生或频率较小	2～1
	完整性（5分）	形态与结构保持完整	5～4
		形态与结构有少量变化，但不明显	3
		形态与结构有明显变化	2
		形态与结构有重大变化	1
资源影响力（15分）	知名度和影响力（10分）	在世界范围内知名，或构成世界承认的名牌	10～8
		在全国范围内知名，或构成全国性的名牌	7～5
		在本省范围内知名，或构成省内的名牌	4～3
		在本地区范围内知名，或构成本地区的名牌	2～1

续表 4-2

评价项目	评价因子	评价依据	赋值
资源影响力（15分）	适游期或使用范围（5分）	适宜游览的日期每年超过300天，或适宜于所有游客使用和参与	5~4
		适宜游览的日期每年超过250天，或适宜于80%左右游客使用和参与	3
		适宜游览的日期每年超过150天，或适宜于60%左右游客使用和参与	2
		适宜游览的日期每年超过100天，或适宜于40%左右游客使用和参与	1
附加值	环境保护与环境安全	已受到严重污染，或存在严重安全隐患	-5
		已受到中度污染，或存在明显安全隐患	-4
		已受到轻度污染，或存在一定安全隐患	-3
		已有工程保护措施，环境安全得到保证	3

根据评价因子，通常由旅游资源调查专家针对每一处旅游资源单体分项进行打分，根据得分，划分等级。

2）计分和等级划分

根据旅游资源单体的评价，得出该单体旅游资源共有综合因子评价赋分值。依据旅游资源单体评价总分，将其分为5级，从高到低为：

五级旅游资源，得分值域≥90分；

四级旅游资源，得分值域≥75~89分；

三级旅游资源，得分值域≥60~74分；

二级旅游资源，得分值域≥45~59分；

一级旅游资源，得分值域≥30~44分。

此外：未获等级旅游资源，得分≤29分。

其中：五级旅游资源称为"特品级旅游资源"；五级、四级、三级旅游资源通称为"优良级旅游资源"；二级、一级旅游资源通称为"普通级旅游资源"。

2. 定性评价

定性评价是在旅游资源调查的基础上，根据调查者的印象做出的主观评价，多采用定性描述的方法，评价的结果主要与评价者的经验和水平有关，因此也称为经验评价法。定性评价法主要有"三三六"评价法、"六字七标准"评价法、"八六五"评价法等。

1）"三三六"评价法

卢云亭（1988）提出"三三六"评价法，即对旅游旅游资源"三大价值""三大效益""六大条件"的综合评价体系。

（1）"三大价值"指旅游资源的艺术观赏价值、历史文化价值和科学考察价值。

北戴河海滨海水湛蓝，碧空万里，绿树红屋，给旅游者极大的美观体验，具有很高的观赏价值。万里长城起点老龙头,历史文化源远流长,被列为世界文化遗产,具有极高的历史文化价值。而柳江盆地地质公园、长城博物馆、玻璃博物馆、种类繁多的海洋生物等又具有较高的科学价值。

(2)"三大效益"指旅游资源开发后带来的经济效益、社会效益和环境效益。

秦皇岛市是国内开发成熟的滨海旅游城市,旅游业是其主导产业,对区域经济的促进作用十分显著。同时,旅游业提升了秦皇岛的城市品牌和知名度,带动了当地居民就业,社会效益十分显著。环境效益主要表现在旅游城市环境建设更加优美以及旅游环境及资源的保护力度等。当然,这些效益既有好的一面也有坏的一面,需要综合评价。

(3)"六大条件"指旅游资源所在地的地理位置和交通条件、景观或景类的地域组合条件、旅游景区(点)的旅游容量条件、投资条件、施工条件和旅游客源市场条件。

以鸽子窝公园为例,鸽子窝公园位于北戴河海滨,濒临滨海大道,地理位置优越,交通通达性好。景区内滨海资源、湿地资源、观鸟资源、名人文化、建筑设施与海上观日出等资源组合条件优良。游客多在海滩、浅海区域进行赶海、拾贝等活动,景区游客容量较高。投资条件可结合区域宏观投资政策及资源所在地的开发基础进行综合评定,如基础设施越完善,投资条件越好。施工条件要综合考虑施工难度、地质灾害发生的可能性等。客源市场考虑游客的吸引力,如鸽子窝公园是夏季游客到秦皇岛的必游之地,客源市场充足。因此,鸽子窝公园旅游开发条件为优。

2)"六字七标准"评价法

黄辉实(1986)提出旅游资源评价的"美、古、名、特、奇、用"和旅游资源所处环境的季节性、环境质量、与其他资源之间的联系性、可进入性、基础结构、社会经济环境和市场环境七项评价标准。其中,美:资源本身美,旅游资源给人的美感;古:旅游资源具有悠久的历史;名:具有名声或与名人有关;特:特有的、稀有的、有特色的资源,区别于其他资源的特色;奇:具有新奇感;用:具有应用价值。

3)"八六五"评价法

对旅游资源的八项吸引力、六项开发条件和五项效益进行综合评价。

八项吸引力:观赏价值、文化价值、科学价值、旅游项目、游览内容丰富程度、环境质量、季节差异、特殊价值和环境容量。

六项开发条件:地区经济条件、可进入性、依托城市、通讯条件、地方积极性和已有服务设施情况。

五项效益评价:目前年均接待游客量、开发所需投资量、投资来源、客源预测和社会效益。

(二)实习区旅游资源总体评价

1. 自然旅游资源与人文旅游资源类型丰富,组合状况良好

秦皇岛市旅游资源集山、河、湖、泉、瀑、洞、沙、海、关、城、港、寺、庙、园、鸟等为一体,旅游资源品种丰富、类型齐全、特色突出,适合开展多种层次、多种品味的旅游活动,满足不同旅游者需求。自然旅游资源以优良的滨海生态景观、大漠沙滩风光、舒适的避暑条件为特色,人文旅游资源以厚重的历史文化、长城文化、关隘文化为主,加上名人活动、近代旅游发展,使得秦皇岛城市文化独具魅力。新建的各类主题公园和旅游节庆、体育赛事等丰富了旅游资源种类,完善了旅游产品结构。以"山、海"为特色的自然旅游资源及以"关、城"为特色的人文旅游资源相得益彰,旅游资源组合状况良好。

2. 旅游资源空间分布相对集中,带状分布明显

秦皇岛旅游资源空间分布上呈两条相对平行的带状分布,即滨海旅游资源分布带与长城文化分布带。滨海旅游资源分布带沿秦皇岛、北戴河海滨,有老龙头、第一关、姜女庙、秦皇求仙入海处、鸽子窝、老虎石、北戴河名人别墅、联峰山、滑沙场、翡翠岛以及众多的滨海浴场和各类主题公园等,是秦皇岛、北戴河海滨旅游的主要集中地带。长城旅游资源分布带在中北部山地—丘陵带,以长城景观与文化为主。有三道关—九门口—义院口—界岭口—桃林口—冷口—城子岭口长城和沿长城一线的各处文物古迹,以长寿山、角山、燕塞湖、祖山、背牛顶、天马山、碣石山、十里葡萄长廊、孤竹国文化遗址等为代表。秦皇岛主要精品资源集中分布在以北戴河和海港区为中心的50km范围内,各个景区之间距离适中,这种资源空间分布特点有利于组织旅游线路,统筹安排交通和食宿。

3. 区位条件优越,资源开发条件较好

秦皇岛市位于华北与东北咽喉地带,气候、动植物属于典型过渡区,气候宜人,物种多样。另外,秦皇岛处于我国环渤海经济圈和沿海开放前沿带,交通运输极为便利,经济增长迅速。沿海分布的3个行政区,既相互独立,又紧密相连,有利于将秦皇岛市建成特色鲜明、功能各异的海滨旅游城市。丰富的旅游资源、良好的优势组合、坚实的社会经济基础,使得秦皇岛旅游开发条件非常有利。

4. 旅游资源季节性强

七八月份是秦皇岛旅游最佳季节,气候凉爽、海水温暖,是游泳、沙滩浴、日光浴等海洋性旅游活动的最佳时间,吸引着无数游客到此观光旅游。但在七八月份过后,游客迅速减少,冬季和春季,游客相对较少。如何利用旅游资源特色,开发季节性互补的旅游产品,是秦皇岛旅游开发中面临的重要问题。

5. 周围省市的竞争激烈

秦皇岛的旅游发展受周边海滨旅游城市的威胁,如青岛、威海、大连等,它们与秦皇岛旅游资源有同质化的特征,因此秦皇岛旅游资源开发仍需加强滨海自然旅游资源与独特的历史文化资源的交融,开发独具特色的旅游产品,提升旅游市场竞争力。

第五章 实习线路与教学内容

一、线路一：滨海山地旅游教学线路

线路：基地—鸽子窝公园—联峰山公园—基地

本线路实习地点有鸽子窝公园和联峰山公园，主要认识滨海旅游资源类型和山岳旅游资源类型。鸽子窝公园位于北戴河海滨东山突入大海的岬角处。联峰山位于北戴河海滨风景区西部。基地至鸽子窝公园，鸽子窝公园至联峰山景区车程均为30min。实习线路如图5-1所示。

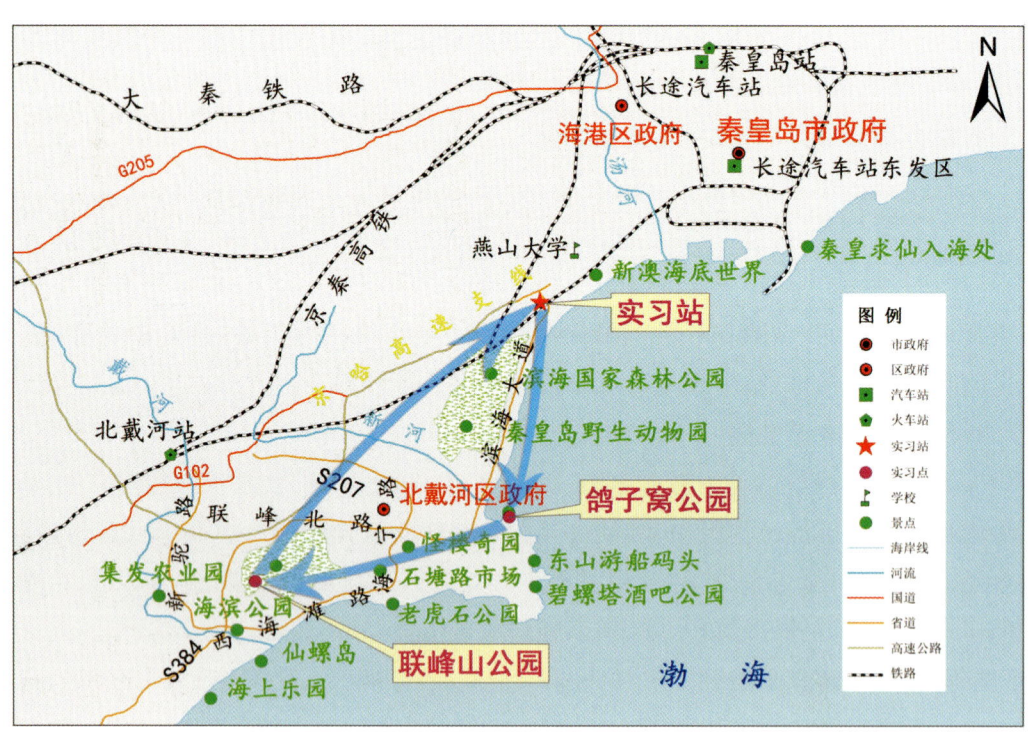

图5-1 实习线路一示意图

（一）鸽子窝公园

1. 教学任务

（1）认识景区海蚀地貌类型（波切台、海蚀崖、海蚀凹槽等）及成因。

（2）观察鹰角石岩石类型、景观特征。

（3）认识滨海旅游资源类型及其旅游开发项目。

（4）考察景区人文景观、建筑景观及旅游开发。

（5）观察景区游客特征。

（6）体验滨海旅游活动：赶海、观潮、看日出及认识海洋生物。

2. 教学要点

（1）通过观察景区典型的海蚀地貌，引导学生运用地学知识分析成因，尤其是海蚀崖、波切台、海蚀凹槽等地貌类型的特征及形成原因。

（2）观察新河入海口湿地景观及地貌特征，梳理滨海旅游资源特点。

（3）考察景区人文景观及建筑设施，感受人文旅游资源与自然旅游资源组合产品的设计，体会旅游产品设计中怡神、怡心、怡情的不断升华。

3. 主要教学点

鸽子窝公园位于北戴河海滨的东北角，建于1958年，又称鹰角石公园，占地300余亩。景区集自然景观与人文景观于一体，为AAAA级景区，是北戴河著名的海上观日出之处。鸽子窝公园为地层断裂所形成的临海悬崖，傍海悬崖有一似雄鹰的巨石屹立，被称之为鹰角石。该石高20余米，上有裂隙纵横，自古以来常有野鸽（实际多为海鸥）朝暮相聚的窝建在石缝之中，因此得名（图5-2）。

图5-2　鸟瞰鸽子窝（姜涛 摄，2003）

No.1 鸳鸯湖

描述：鸳鸯湖所在位置原来是一片滩涂，地势低洼，常年废弃不用。后在1985年，修建拦海堤坝，利用涨潮开闸注入海水，闸落即形成一个平静的小湖。鸳鸯湖沙滩的主要旅游功能有观海、观日出，以及进行滨海亲水休闲活动，如海滩拾贝、亲水游憩、游泳、赶海等。

No.2 鹰角亭

描述：鹰角亭位于岬角顶上，单檐歇山顶，石柱琉璃瓦，建筑特色古朴大方，具有浓郁的民族特色，为民国26年（1937年）"公益会"修建，1983年胡厥文副委员长为此亭题"鹰角亭"牌匾（图5-3）。

图5-3 鹰角亭（左）（李会琴 摄，2011）和远眺鹰角亭（右）（姜涛 摄，2016）

地学背景：海岸主要有两种类型，即沙质海岸和基岩海岸。鹰角亭位于基岩海岸上，其南为沙质海岸，与小东山方向（南方）的基岩海岸共同构成完整的海岸形态——海湾，两个基岩海岸岩石耐风化，面朝大海凸出，沙质海岸凹陷，构成完美的弧线，这里是海滨旅游活动的基本场所。

海岸基岩在拍岸浪的长期作用下，逐渐形成海蚀凹槽、海蚀沟等海蚀地貌。不断扩大的海蚀凹槽使得上覆岩块由于重力失稳而崩塌，形成比较陡直的海蚀崖。鹰角亭所处基岩前端就是一个典型的海蚀崖。鹰角亭的基岩构成为花岗岩，比较耐风化，比较鹰角亭和观海长廊下的岩石可以发现，除了花岗岩外，还有伟晶岩脉（石英）穿插在花岗岩中，石英比花岗岩更耐风化，这是鹰角石一带的海岬比其他海岬高耸的原因。

鹰角亭北侧为新河入海口。新河三角洲，平面上呈三角形，地形坡度小，顶端指向河流上游，长轴延伸方向与波浪前进方向大致垂直，与海岸线平行。三角洲前端较平直，无明显向海洋方向突出的外形，其原因在于新河上游修建水库后，水动力降低，河流泥沙量减少，三角洲前端不断被海浪冲刷，完整的三角洲扇形遭到破坏。退潮时，在三角洲上可以看到很多波痕和沙脊（多平行于海岸），还可以找到蛤蜊、扁玉螺

（猫眼）、竹蛏、小螃蟹等海洋生物。新河口三角洲沉积物以细沙、粉砂、黏土（淤泥）和细小生物贝壳碎片为主，结构疏松，深部沉积物含有较多的有机质，并显示水平层理（图5-4）。

图5-4　新河口三角洲（唐嘉耀 摄，2014）

No.3　毛主席雕像

描述：毛主席雕像位于鹰角亭对面的广场上，高3.2m，仿花岗岩基座高2.7m，基座东侧用大理石刻着毛泽东的《浪淘沙·北戴河》。塑像是北戴河区政府1992年为纪念毛泽东诞辰100周年而敬塑的。

1954年的夏天，毛泽东主席曾在北戴河大海中畅游，并观海赋诗，写下了不朽的诗篇《浪淘沙·北戴河》。为深切缅怀毛主席的丰功伟绩，北戴河区政府特敬立诗词碑和毛泽东主席巨型雕像（图5-5）。

词作原文为：大雨落幽燕，白浪滔天，秦皇岛外打鱼船。一片汪洋都不见，知向谁边？往事越千年，魏武挥鞭，东临碣石有遗篇。萧瑟秋风今又是，换了人间。

这首词展示了无产阶级革命家前无古人的雄伟气魄和汪洋浩瀚的博大胸怀，具有比《观沧海》更鲜明的时代感、更深邃的历史感。

图5-5　毛主席雕像（梁玥琳 摄，2016）

No.4 望海长廊

描述：望海长廊距鹰角亭 50m，长约 70m。望海长廊两侧由方亭和八角亭组成，造型上吸收了北京颐和园和承德避暑山庄长廊典雅大方的特点，分别采用了古代园林常见构景手段——借景和透景的方法，与周围的自然风光相得益彰，浑然一体（图 5-6）。廊中彩绘雕梁画柱，栩栩如生。以花鸟、鱼虫、人物等不同图案，绘画了北戴河二十四景和北戴河 206 个民间故事传说，这种彩绘叫作"苏式彩绘"。流连其中，远眺大海碧浪，白云沙鸥；近赏潮涨潮落，微波荡漾。"望海长廊"匾额是原国务院副总理方毅同志题写。这里也是鸽子窝公园观赏"红日浴海"的最佳地点。

图 5-6　望海长廊（夏峰 摄，2016）

"红日浴海"是形容鸽子窝公园日出时的美景。当东方天际的鱼肚白渐渐被红黄相间的晨曦所吞没的时候，太阳就要出海了。东方的天空上，泛起了粉红色的霞光。大海，也被这霞光染成了粉红色，广阔无垠的天空大海，完全与粉红色的霞光融在一起，分不清它们的界限，也看不清它们的轮廓，只感受到一种柔和的、明快的美。朝霞光渐渐变浓变深，粉红色变成了桔红色，之后又变成了鲜红色，而大海和天空也像起了火似的，通红一片。就在这时，在那天水融为一体的苍茫远方，在那闪烁着一片火焰似的浪花的大海里，一轮红得耀眼的光芒四射的太阳，冉冉地升腾起来。开始的时候升得很慢，只露出一个弧形的金边儿，但是，这金边很快地扩大着、扩大着，不断地扩大着涌出来。到后来，已经不是冉冉升起了，而是猛地一跳，蹦出了海面。更为壮观的是，当红彤彤的太阳即将升出海面的时候，似乎下面还连着又一轮红日。瞬息间，上面的红日"倏地"向上一跃，粘连着下面的红日，顿时潜入海底，这便是人们盛赞的"浴日"胜景（图 5-7）。

图 5-7 鸽子窝"红日浴海"(姜涛 摄,2002)

No.5 鹰角石

描述：鹰角石位于新河口东西向石英脉的大断裂带上，既是一个断层壁，又是一个海蚀崖。南侧是约 17.5 亿年以前形成的均质混合花岗岩，已经严重高龄老化，剥蚀下凹，使其突兀直立在苍茫的大海之边，嶙峋苍劲，引人注目，历来是游人观沧海、看日出的最佳地点。

地学成因：基岩海岸不断地被海浪侵蚀，海蚀崖朝着陆地方向节节后退，其前方的海岸带不断增大，逐渐形成一个微微向海洋方向倾斜的波切台。鹰角亭——小东山一带为现代波切台，其上可见多种类型的海蚀地貌。

从图 5-8 可见，鹰角石为一发育不完全的海蚀柱。鹰角石主体为花岗岩，伟晶岩脉顺着垂直裂隙侵入其中，好似鹰角石的脊梁一样，这是鹰角石屹立亿万年不倒的重要原因。鹰角石上裂隙非常发育，裂隙上部共发育有 3 组高度不同的古海蚀凹槽，均为古代波浪侵蚀作用的产物。鹰角石下原本主要是风化剥蚀后形成

图 5-8 鹰角石(梁玥琳 摄,2016)

图 5-11 临风亭（梁玥琳 摄，2016）

No.2 瞭望塔

描述：瞭望塔是位于鸡冠山顶甘林楼遗址的一座钢铁结构的螺旋塔。1989 年由山海关桥梁厂设计建造，塔高 28.6m，可旋转而上。它既是森林防火的瞭望塔，又可供游客登高游览（图 5-12）。

No.3 望海亭

描述：望海亭坐落在北戴河海滨最高峰——海拔 153m 的东联峰山主峰上，是北戴河区的制高点，是观赏北戴河山海全景的最佳位置。1954 年毛泽东第一次来北戴河在此观日出（图 5-13）。

登上望海亭，极目四望，天之高，海之阔，北戴河之壮美，尽收眼底。北望是逶迤连绵的燕山山脉。山海关、角山、秦皇岛港、鸽子窝、金山嘴半岛、中海滩老虎石、栈桥码头、戴河口、南戴河海滨、昌黎碣石山、戴河、骆驼石、北戴河火车站均可遥

图 5-12 瞭望塔（梁玥琳 摄，2016）

图 5-13　望海亭（梁玥琳 摄，2016）

望。真可谓"不登联峰望海亭，毕竟不识北戴河"。

旅游价值：俯瞰秦皇岛美景，观日出。

No.4　神山（镇山宝塔）

描述：又名神度峰，位于望海亭西侧，远望可见高 12m、宽 8m 的"神"字摩崖石刻，大有凛凛神威之感。山中有 30 余处名人名言石刻。顺软梯攀援而上，可登上两峰间飞架的"神桥"。站在桥上，头顶蓝天，环顾四面青山，听松涛阵阵，恍临仙境（图 5-14）。

花岗岩球状风化：此处基岩可见花岗岩由表及里、层层风化剥离的球状风化现象。其成因主要在于不同方向的裂隙切割岩体，水、气体及各种微生物等沿裂隙侵入，结果产生由表及里，层层风化剥离现象。由于裂隙交汇处岩块的表面积较大，风化作用的强度和深度相对也大，使岩块内部未受风化的部分呈球形，因此称球状风化。同时，石英岩脉在此发育也十分典型（图 5-15）。

图 5-14　神山（镇山宝塔）（夏峰 摄，2016）

图 5-15　花岗岩球状风化（李会琴 摄，2016）

No.5　百福苑

百福苑包括桃源洞、福饮泉、夹扁石、试剑石、月亮石及古今名人诗词刻石等多处景观。苑内奇岩怪石，神态各异，老松古柏，荫翳蔽空。石林之内有历代大书法家所书的百款福字石刻（图 5-16）。

图 5-16　百福苑碣石摩崖石刻（梁玥琳 摄，2016）

No.6 观音寺

描述：观音寺又名"广华寺"，始建于明末清初，最近一次整修是在1991年。观音寺为四合院式院落，占地面积830m²，由山门、东配殿、西配殿和正殿组成，是河北省重点文物保护单位（图5-17）。

图5-17 观音寺（梁玥琳 摄，2016）

山门为单檐歇山顶，砖木结构，面宽进深均为1间，建筑面积26m²，建筑高度为6.1m。东、西配殿均为单檐硬山顶，前有廊，砖木结构，面宽3间，进深2间，建筑面积为80.64m²，建筑高度5.86m，五架梁，清式彩绘。正殿为单檐硬山顶，前有廊，砖木结构，面宽3间，进深2间，建筑高度6.85m，五架梁，清式彩绘。

观音寺擅林壑泉石之胜，掩映于树丛，颇有"禅房花木深"之趣。寺内生长的龙爪槐、白果松都已有两三百年历史，为明清时代所植。寺内有古钟一口，是省级保护文物。

线路相关知识

1. 海蚀地貌

海蚀地貌是指海水运动对沿岸陆地侵蚀破坏所形成的地貌。由于波浪对岩岸岸坡进行机械性的撞击和冲刷，岩缝中的空气被海浪压缩而对岩石产生巨大的压力，波浪挟带的碎屑物质对岩岸进行研磨，以及海水对岩石的溶蚀作用等，统称海蚀作用。海蚀多发生在基岩海岸。海蚀的程度与当地波浪的强度、海岸原始地形有关，对组成海岸的岩性及地质构造特征,亦有重要影响。所形成的海蚀地貌有海蚀崖、海蚀台、海蚀穴、海蚀拱桥、海蚀柱等。

海蚀柱:海岸受海浪侵蚀、崩坍而形成的与岸分离的岩柱,属海岸侵蚀地貌类型。

海蚀凹槽:是指基岩海岸下部的岩石在遭受海水的侵蚀后形成的平行于海岸方向延伸的凹槽。

波切台:海蚀作用持续进行,海蚀崖底部出现新的海蚀凹槽。海蚀凹槽扩大又坍塌,出现新的海蚀崖,周而复始,海蚀崖节节后退,其前方出现微微向海倾斜的基岩平台。

海蚀崖:又称浪蚀崖。基岩海岸受海蚀及重力崩落作用,常沿断层节理或层理面形成陡壁悬崖。

2. 中国传统建筑彩绘的等级

彩绘的建筑与审美功能:最初人们在木构件上进行彩绘,是因为油漆颜料含有铜,可以起到防潮、防腐、防风化、防虫蛀的作用,后来人们又发现这种彩绘还有很强的装饰性,既能增强建筑物的美观,又能提高人们的视觉效果,可以说是一举多得。宋代以后彩绘已成为宫殿不可缺少的装饰艺术。

苏式彩绘:是传统民间建筑使用的绘画形式,起源于江浙一带的私家住宅与园林,后被普遍采用,包括皇家园林。苏式彩绘画面内容丰富,自然山水、花鸟鱼虫、各式人物一应俱全,由建筑的主人按照自己的意愿、喜好而定,这种精妙的建筑设计包含着美学、民俗学、建筑学、历史学等种种传统文化内涵。

旋子彩绘:高于苏式彩绘,画面用简化式的涡卷瓣旋花,有时也可以画龙凤,一般用于次要宫殿式寺庙中。

和玺彩绘:等级最高的彩绘,中间的画面由不同的龙或凤的图案组成,间补以花卉图案,金碧辉煌,十分壮丽。

3. 鸽子窝大潮坪

鸽子窝大潮坪是观察现代海岸沉积的良好场所,可以见到波痕、雨痕、龟裂、生物穴等沉积构造,与柳江盆地古老地层进行对比研究,将今论古,可破译大量古地理、古环境、古气候之谜。秦皇岛一带,每天是一次涨潮、一次落潮,而且潮差很小,大多在1m之内,海水的深度比较稳定,特别适合海浴和游泳,"沙软潮平"就是一句恰如其分的评价。

1. 结合碣石文化,了解秦皇岛名称的由来,理解城市深厚的文化底蕴。
2. 通过观察,比较分析鸽子窝公园与联峰山公园资源特色及游客特征的差异。
3. 试用国标旅游资源分类法,对联峰山旅游资源进行分类、评价。
4. 观察沙质海岸和基岩海岸景观特征并尝试分析其形成原因。

5. 总结花岗岩山体景观特色及旅游功能。

二、线路二：长城文化专题教学线路

线路：基地—孟姜女庙—天下第一关—老龙头—基地

本线路主要学习长城文化及其旅游开发。重点掌握山海关军事防御体系与功能、长城文化内涵、民间传说及其旅游产品开发、中国古典园林景区设计手法与空间布局等。线路3个教学点均位于山海关风景区：基地至孟姜女庙车程约为1h；孟姜女庙至天下第一关车程约为45min；天下第一关至老龙头车程约20min（图5-18）。

图 5-18 实习线路二示意图

（一）孟姜女庙

1. 教学任务

(1) 了解孟姜女的民间传说及历史典故。

(2) 考察姜女庙传统建筑的风格特色。

(3) 认识中国古典园林造园艺术的运用。

(4) 考察民间传说类旅游资源开发与旅游产品设计。

2. 教学要点

(1) 通过考察，让学生了解民间传说类旅游产品的开发与展现，理解长城文化的内涵。

(2) 考察中国古典园林造园艺术手法。

(3) 引导学生观察景区开发现状，反思景区管理中存在的问题。

3. 主要教学点

孟姜女庙坐落在山海关城东4km外的凤凰山上，由贞女祠和孟姜女苑组成。它是长城文化衍生出的民间民俗文化的产物。孟姜女庙始建于宋代以前，明万历二十二年(1594年)主事张栋重修。1956年，孟姜女庙被公布为河北省第一批重点文物保护单位，是我国现存最完整的祭祀孟姜女的庙宇。

No.1　山门

描述：长阶是通往姜女庙正门的必由之路，由青石砌成，随地势而逐渐增高，直达山门。长阶共108级，广为流传的说法是孟姜女寻夫千里迢迢，历尽千难万险，之所以修筑108级台阶，就是要人们象征性地体验一下当年孟姜女的艰辛。沿108级台阶缓步而上，迎面便是屋宇式一字墙硬山顶山门，配上灰色小瓦，玲珑小巧，别具一格。两旁为一带红墙，随山势起伏环绕着孟姜女庙。山门正中门额上挂一匾，上书"贞女祠"。

No.2　前殿

描述：前殿为硬山顶式砖木结构建筑，三楹四窗，古朴典雅。殿内正中神龛泥塑彩绘孟姜女坐像。泥塑淡装素彩，面带愁容，双目中透出的无限哀怨，可使人想象到当年孟姜女千里迢迢寻夫的凄凉心境。

塑像两侧站男女二童，背包罗伞。像后有"姜坟雁阵"彩绘壁画。龛上横额"万古流芳"，两边楹联："秦皇安在哉，万里长城筑怨；姜女未亡也，千秋片石铭贞"，真实地反映了人们对孟姜女、秦始皇的喜恶之情。西墙壁镶嵌清代帝王及文人政客的题诗卧碑，东墙镶嵌"天下第一关"刻石，与山海关城匾额规格一致。

门前悬挂"海水朝朝朝朝朝朝朝落，浮云长长长长长长长消"这一"天下第一奇联"。表面看虽是文字游戏，却饱含着人生哲理，从中可见中国文化的深厚底蕴和内涵(图5-19)。

旅游价值：展示中国古建筑特色及诗词文化。

No.3　观音殿(后殿)

描述：后殿为硬山顶式建筑，殿内供奉观音、文殊、普贤三大菩萨。明万历年间山海关兵部分司主事张栋、张时显重修姜女庙时，此殿保存较好。现建筑为1928年张学良将军整修。观音殿是每年农历四月十八孟姜女庙会的主要祭祀场所(图5-20)。

旅游价值：宗教文化活动场所，了解中国佛教文化及建筑特色。

No.4　望夫石、梳妆台、振衣亭

描述：观音殿后有"望夫石"，相传为孟姜女登石望夫之处。孟姜女历经千辛万苦至此，登石遥望筑城丈夫，一夜之间竟将坚石踩出深深足迹。这簇山石即被称为"望夫石"(图5-21)。石上刻有清顺治八年(1611年)山海关通判白辉所题"望夫石"，及乾隆皇帝所题《姜女祠》：

凄风秃树吼斜阳,尚作悲声配国殇。
千古无心夸节义,一身有死为纲常。
由来此日称姜女,尽道当年哭杞梁。
常见秉彝公懿好,讹传是处也无妨。

图 5-19　孟姜女庙前殿(梁玥琳 摄,2016)

图 5-20　孟姜女庙后殿(唐嘉耀 摄,2016)

"望夫石"后有多处刻留的小石台和六角亭,名"梳妆台"和"振衣亭"。传说为孟姜女望夫前梳妆整衣的地方。振衣亭始建于清康熙年间,为六角攒尖顶式建筑。相传为康熙皇帝来此拜庙时,宴坐更衣,休息观景而建。在此可南望大海,北眺群山,尽览孟姜女苑全景。

图 5-21　孟姜女庙望夫石(李会琴 摄,2015)

No.5　姜女苑

描述: 1992年9月山海关区政府在孟姜女庙北侧根据孟姜女的传说修建了大型文化园林孟姜女苑。苑内以"姜女千里寻夫哭倒长城"的传说为主线,以具有秦、明式建筑风格的宫殿、瓦舍、衙署、城垣、水榭、楼廊等为依托,展示"紫燕送籽""莲池相遇""夜制寒衣""万夫筑城""望夫凹石""哭倒长城"等20个场景,使游客更深刻地体会到这段动人的爱情故事(图5-22)。

旅游价值: 结合实际理解中国古典园林造园艺术及民间传说旅游产品的展示与开发。

(二)天下第一关(山海关古城)

1. 教学任务

(1)观察山海关的地理位置特点,理解"天下第一关"的内涵。

(2)考察山海关的建筑风格与建筑布局特征。

(3)考察山海关古城防御体系的构成及其军事功能。

(4)了解天下第一关造景功能与特色。

(5)了解长城文化内涵(从军事防御体系到民族象征),提升爱国主义情操。

图 5-22　孟姜女苑一景(夏峰 摄,2016)

2. 教学要点

(1)讲解山海关古城的构成及军事防御体系,使学生理解山海关古代军事战略地位及意义。

(2)通过观察天下第一关——镇东楼的建筑风格,使学生了解箭楼的文化及旅游景观造景功能。

(3)通过教师讲解山海关古城、秦皇岛长城文化并参观长城博物馆,使学生理解长城军事战略地位及长城文化内涵。

3. 主要教学点

天下第一关景区位于秦皇岛市东北 15km,为世界文化遗产,中国国家风景名胜区。景区占地 0.1km², 包括天下第一关箭楼、靖边楼、牧营楼、临闾楼、瓮城、王家大院、长城博物馆,以及 1350m 的明代长城等景观。因景区涵盖山海关标志性建筑——天下第一关箭楼而得名,是迄今为止保存最完整的长城军事防御体系(图 5-23)。

山海关城,于明初洪武十四年(1381 年),由大将军徐达所建。之所以被誉为"天下第一关",其一是因为它是万里长城东部起点的第一座关隘,其二是从地势上看,它依山襟海,雄关锁隘,易守难攻。山海关这座以军事要塞著称于世的历史古城,以长城为主线、以关城为中心,由 10 大关隘、7 座卫城、37 座敌台、14 座烽火台等建筑组成,构成一整套科学的军事防御体系。

南从老龙头起,经山海关,向东北到九门口(一片石关)的 26km 长城上,分布着十大关隘。以山海关城为中心,南起老龙头,北到旱门关,东到欢喜岭,西到石河岸,在南北长 7km、东西宽 4km 的范围内,地面上建有七座卫城。它们是老龙头下的宁海城,向北有南翼城,山海关城北的北翼城,第一关城楼下有瓮城,外部围以东罗城,罗城以东的欢喜岭上建有威远城,关城西有西罗城。关城与长城的衔接处的城面上,

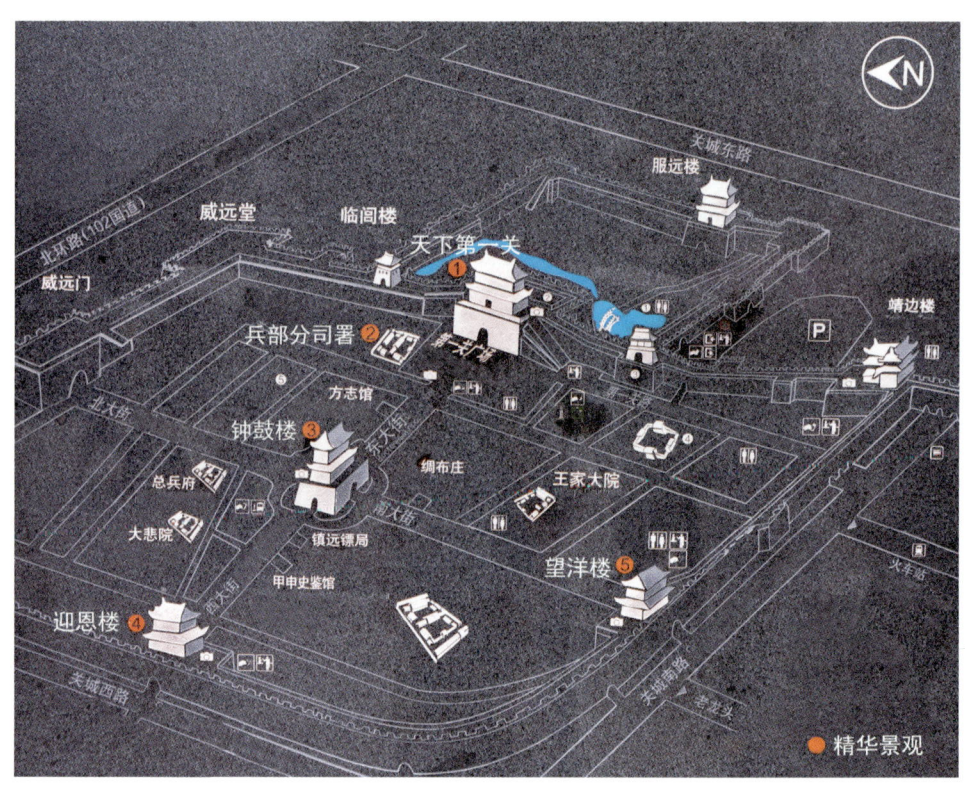

图 5-23　山海关景区导览图（夏峰 摄,2016）

东南角建有靖边楼,向北有牧营楼,"天下第一关"雄踞其中,北有临闾楼,东北角有威远堂,号称"五虎镇东"。这一系列的军事建筑,辅以星罗棋布的烽火墩台,形成了立体两翼、左辅右弼、布局合理、易守难攻的完整科学的军事防御体系,无愧于古人"两京锁钥无双地,万里长城第一关"的称颂（图5-24）。

No.1　镇东楼（天下第一关箭楼）

描述：天下第一关箭楼,是山海关城的东门,又名镇东楼,九脊歇山顶,传统砖木结构,始建于明洪武十四年（1381年）。1961年被国务院公布为第一批国家级重点文物保护单位。它与两侧的靖边楼、牧营楼、临闾楼、威远堂形成"五虎镇东"之势,充分体现了"一夫当关,万夫莫开"的战略地位和雄伟气势。楼内"天下第一关"匾及"山海关古建复原图"极其珍贵（图5-25）。

整个建筑分上、下两层,下部为城台,呈长方形,长44m,宽30.4m,高11.75m,城台建筑敦实雄厚,中央有砖砌拱券门,以通内外,券门洞高7.5m,宽5.8m。城台之上的箭楼高13.7m,东西宽10.1m,南北长20m,北面、东面、南面共有68孔箭窗,其建筑面积为198m^2,其建筑结构为歇山单檐顶,顶脊双吻对称,四角飞檐上饰以形态各异的脊兽。

在箭楼之上,最为引人注目的便是"天下第一关"巨匾,匾长5.9m,宽1.55m,其

图 5-24 秦皇岛长城军事防御图(李会琴 摄并描绘,2016)

图 5-25 天下第一关(夏峰 摄,2016)

中"一"字一笔1.09m,繁写的"关"一竖1.45m,5个大字结构合理,与这座建筑浑然一体。在天下第一关城楼内外,一共有3块匾,楼外悬挂的是杨宝清于民国九年(1920年)摹刻的,二楼内一块是王治于清光绪五年(1879年)摹刻的,一楼内为原匾。

旅游价值:理解中国传统建筑特色、关城结构及其军事功能。

No.2 牧营楼、临闾楼

描述：牧营楼、临闾楼是坐落在"天下第一关"城楼南北的两座建筑，为防关屯兵之所。两楼均建于明万历年间。临闾楼接东罗城北角处，牧营楼接东罗城南角处。修复后的临闾楼坐落于长方形城台上，建筑面积119.52m^2，为五脊单檐歇山顶，双层砖木结构。牧营楼位于第一关城楼南侧，修复后的牧营楼城台为四棱形，台面阔21m，台高11m，南北与主线长城相连。牧营楼建于城台之上，建筑面积119m^2，楼高10.5m，单檐歇山顶，砖木结构，楼上、下辟有20个箭窗，易守难攻。

旅游价值：理解中国传统建筑特色及山海关古城的军事防御体系。

No.3 靖边楼

描述：据嘉靖十四年版《山海关志》记载：靖边楼位于山海关城东南角，始建于明初，明成化十五年（1479年）、清嘉庆十年（1805年）重修，毁于民国初年。现靖边楼为1985年重修。

修复后的靖边楼是仿明式建筑。整个楼体建于一个宽阔的城台上。城台之上的靖边楼为二层砖木结构，平面呈曲尺形，总建筑面积658.41m^2，楼高13.47m，歇山式九脊重檐顶。楼内上、下两层有木梯相通。楼上有箭窗56个，檐桁枋心，仿明式彩绘，庄重古朴（图5-26）。

旅游价值：理解中国传统建筑特色及其军事功能。

图5-26 靖边楼（梁玥琳 摄，2016）

No.4 钟鼓楼

描述：钟鼓楼又称魁星阁，位于东西南北四条大街交汇的关城中心，为明朝大将军徐达创建山海关关城时所建。钟鼓楼下为方台，高 8.26m，台上建文昌殿，面阔 3 间，进深 1 间，双层，高 13.3m，一层四面带围廊，二层四面围平座，重檐歇山顶，方台上设一钟一鼓，钟称状元钟，鼓曰功名鼓，殿内供奉"文昌帝君"。明清以来，这里成为军政要员及文人雅士登楼观景、祈求仕途通达、金榜题名的场所。2004 年钟鼓楼作为山海关古城保护开发标志性工程开工复建。登临钟鼓楼，凭栏四顾，眼界顿开，是东望天下第一关城楼，北眺角山长城，俯视东南西北四条仿古明清街的最佳位置。

No.5 东瓮城

描述：山海关城的四门之外均建有瓮城环卫，建于明代。现保存较完整的只有东瓮城。东瓮城平面为梯形，占地面积 0.7ha，周长 317m（含主城墙长）。墙高 12m，墙体厚度不一，南垣偏西端开设一瓮城城门，门外置影壁墙。

瓮城虽然规模不大，却有重要作用：一是对关城起保护作用。登临其上可环视四野，士卒昼夜注视城外动态，有警立即传报。敌人入侵，又可三面御敌于墙外；即便敌入瓮门，可将关门视为二道防线，以四墙为堡垒，制敌于"瓮中捉鳖"。二是形成了重城并守之势，坚固、雄伟，充分表现了长城防御工程的特色。

No.6 兵部分司署

描述：兵部分司署位于第一关广场北侧，是明朝兵部在地方的唯一分设机构，具有独特的军事与政治价值。毁于民国年间，2005 年复建。复建后的分司署占地 3100m²，包括仪门、回廊、正堂、穿堂、中堂、寝房、书房。

旅游价值：展示明代军事装备及军营文化。

No.7 王家大院

描述：王家大院，又称山海关民俗博物馆，坐落在雄伟的"天下第一关"西侧，位于山海关东三条，占地 10 余亩，建筑面积 2000 多平方米，共分 3 个套院，18 个展厅，是一个典型的明清四合庭院。

大院始建于明末清初，建筑布局严谨，风格典雅别致。"清砖铺地叠瓦房，花格窗户映回廊。翠竹摇曳青草绿，燕语蝶舞花凝香。"王家兴盛于咸丰年间，到了光绪年间已成为富商巨贾，占据了山海关的"半壁江山"。王家大院的建筑风格与山海关民俗博物馆的展品，再现了古城文化发展的历史。

旅游价值：了解中国传统院落结构及山海关民俗文化艺术。

No.8 长城博物馆

描述：山海关长城博物馆位于秦皇岛市山海关区，坐落在"天下第一关"城楼之南

200m处,是国家二级博物馆、国内最大的长城专题博物馆和第四批全国爱国主义教育示范基地。山海关长城博物馆与北京八达岭长城博物馆、嘉峪关长城博物馆并称为我国三大长城主题博物馆。馆内集中展示了万里长城的历史渊源、形式建制、人文风物、军事烽烟,特别是万里长城精华地段——山海关长城的军事作用和宏伟壮观的建筑艺术。

旅游价值: 了解长城文化,感悟长城精神,进行爱国主义教育。

长城文化旅游精华线路:2001年,国务院下文将秦皇岛市山海关区正式列为国家历史文化名城。山海关旅游景区以长城为主线,形成了老龙头、孟姜女庙、角山、天下第一关、长寿山、燕塞湖六大风景区,是国内外著名的旅游区。其中,山海关长城汇聚了中国古长城之精华;明万里长城的东起点为老龙头,长城与大海交汇,碧海金沙,天开海岳,气势磅礴;驰名中外的"天下第一关"雄关高耸,素有"京师屏翰、辽左咽喉"之称;角山长城蜿蜒,烽台险峻,风景如画,这里"榆关八景"中的"山寺雨晴,瑞莲捧日"及奇妙的"栖贤佛光",吸引了众多的游客;孟姜女庙,演绎着中国民间传说——姜女寻夫的动人故事。

(三)老龙头

1. 教学任务

(1)观察长城入海处的地形地势、基岩特征及海岸类型。
(2)了解古代军营文化及军事管理机构组成与设置。
(3)了解景区建筑特色、功能设计与设施布局。
(4)观察景区游客活动类型。
(5)总结长城文化内涵。

2. 教学要点

(1)考察长城入海处的地形地势,理解老龙头选址的军事战略意义。
(2)观察老龙头海滩花岗岩基岩特征及沙质海岸特征,并让学生观察、体验旅游项目。
(3)观察老龙头景区组成,理解古代军营及军事管理机构的设置。
(4)考察景区旅游设施及空间布局,思考景区开发与管理中的经验及问题。

3. 主要教学点

"中国旅游胜地四十佳"——老龙头位于秦皇岛市山海关区城南5km的临海高地上,自身形成半岛伸入渤海之中。老龙头为明初长城东部起点,是万里长城唯一集山、海、关、城于一体的海陆军事防御体系,始建于明洪武十四年(1381年),是徐达修建的山海关前卫哨城。明中后期,经抗倭名将戚继光、兵部尚书孙承宗、巡抚杨嗣昌等重臣名将增修加固,成为拱卫京师的海防要塞。

老龙头占地面积600亩,由宁海城、澄海楼、靖卤台、入海石城、海神庙等28处景观构成。在此既可欣赏我国唯一建在海上的道教庙宇——海神庙,又可领略长城与大海"握手"的奇观。

No.1 龙武营、守备署、把总署

描述:位于澄海楼北,通过仿古式庭院建筑群体,再现了当年守卫老龙头的军官和士兵的生活情景。城内有军事指挥机构守备署,有驻扎军队的龙武营,有武官官邸把总署,有练兵场、点将台、八卦阵,还有祈求上苍保佑的龙王庙、关帝庙等。城内,驻军的各种设施一应俱全,有军官房、士兵房、伙房、碾房、粥房、粮仓、牢房、马厩等,以及一些古代军事设施的陈列。

No.2 澄海楼

描述:澄海楼是历代长城上唯一的临海楼阁。明初始建,称观海亭,明万历三十九年(1611年),山海关兵部分司主事王致中将其改建为二层楼阁式建筑。1911年毁于八国联军炮火,1987年按原貌复建。澄海楼为九脊歇山顶,砖木结构,面宽15.63m,进深12.06m,高14.5m。楼上有一块匾额——"雄襟万里",为明代大学士孙承宗所题。另外一块匾额"元气混茫"和一副楹联"日曜月华从太始,天容海色本澄清"都是清代乾隆皇帝御笔亲题(图5-27)。

旅游价值:此处为老龙头制高点,如点睛之作,自古为瞻海观潮看日出之佳所。

图5-27 澄海楼(唐嘉耀 摄,2016)

No.3 靖卤台

描述：全称"靖卤一号敌台"，是明长城东部起点的第一座敌台。靖卤台屹立于海水中，明嘉靖四十四年（1565 年）最初由主事孙庆元建造，隆庆四年（1570 年）总兵戚继光改名为靖卤台。1987 年修复后从台基、敌楼到战铺，总高 17m（图 5-28）。

图 5-28　靖卤台（梁玥琳 摄，2016）

长城自角山蜿蜒而下至靖卤一号敌台，形成了天然屏障。此地负山控海，易守难攻，与澄海楼、南海关口、宁海城共同组成了一整套严密的海上防御体系。靖卤台堪称老龙头海防要塞的桥头堡。

No.4 入海石城

描述：入海石城是老龙头长城深入海中的尽头部分，全城屹立于海水之中，建于明万历七年（1579 年），为蓟镇总兵戚继光派参将吴惟忠修建。1987 年修复的入海石城，深入海中 22.4m，宽 8.3m，高 9.2m。为九层巨石垒砌，其中四、五、六层仍用原入海石城基础石建造（图 5-29）。

No.5 海神庙

描述：海神庙始建于明初，在老龙头西边 350m 处。《山海关志》记载："海神庙，明初通海运时所建。万历十二年（公元 1584 年）主事王帮俊重修。"徐达奉命修长城时，为了调运军民物资，在山海关石河口修建了码头。船户渔民出海作业危险，为求神灵保护平安，就在老龙头的西侧修建了海神庙、北海神庙、妈祖庙、龙王庙 4 座庙宇。1900 年八国联军从老龙头登陆，4 座庙宇毁于炮火。

1988 年山海关政府综合原来 4 座庙的特点，重新设计修复了海神庙，延伸入海些沙质沉积物,构成长条形坝状地带。由于老虎石东、西两侧的波能衍射,使得沙坝外形呈现出中间窄、两头宽的颈状外形。

图 5-35 老虎石连岛沙坝(姜涛 摄,2003)

No.3 老虎石浴场

描述:老虎石浴场是北戴河海滨的中心浴场,这里滩宽海阔,入海坡度平缓,水质良好,因而成为暑期海浴人数最多的浴场。此外,还有大型的娱乐公园,园内设有海上飞伞、帆板、冲浪板、儿童乐园等,是目前国内较大的海上综合性公园(图 5-36)。

地学成因:北戴河沿岸海滩多为细沙滩。海滩是波浪及其派生的沿岸水流综合作用的产物。外海波浪传入近岸浅水区,受到海底的摩擦作用,波峰变陡、波谷变缓,水质点运动轨迹呈现往复流动,而且向岸进流速度通常大于离岸回流速度,导致底部

图 5-36 老虎石沙滩浴场(梁玥琳 摄(左),2016;姜涛 摄(右),2016)

泥沙向岸搬运,并被激岸浪的上冲水流带至海滨线上堆积。海滩物质一般上部较粗,滩坡坡度较大;下部物质较细,滩坡平缓。由于激岸浪及其冲流和回流的反复作用,使海滩沙成为分选最佳的沉积物。

No.4 望龟亭

描述:望龟亭位于沙滩浴场西部。每逢泻潮,近海处有一块小礁石突出海面,形似乌龟,随海浪涌动,若隐若现,似在游动。其上方建有一座古香古色、小巧玲珑的亭子,名曰"望龟亭"。远望石亭,颇有情趣。

1. 海岸堆积地貌

海岸堆积地貌是指由松散泥沙或砾石堆积而成的平缓地面。

海岸堆积地貌类型:一般分布在平均低潮线以上,向上延伸到组成物质或地形有显著变化的地带,即高潮线处,也称潮间带或海滨。按组成物质颗粒的大小,海滩可分为砾石滩(卵石滩)、粗沙滩和细沙滩。

2. 老虎石的传说

相传当年秦始皇东巡,来到渤海边,忽遇高山挡住去路,恼怒的秦始皇便取出赶山神鞭,朝大山猛抽三鞭,随即山峰飞起,让出大道,碎石腾空,向东南方向飞去。秦始皇紧追不舍,一直追至海边,发现碎石不见了,却见一群群的斑斓猛虎在海边嬉戏,这群猛虎见了秦始皇,连忙跪地求饶,秦始皇便让这群猛虎变成了礁石,永远栖息在这片海滩上。

(二)石塘路市场

1. 教学任务

(1)了解旅游购物场所石塘路市场的地理位置。

(2)了解石塘路市场的规模及其市场地位。

(3)观察秦皇岛旅游商品类型及特色。

(4)观察石塘路市场的游客流量及其消费行为特征。

2. 教学要点

以特色旅游商品及旅游美食为主要考察对象,梳理石塘路市场旅游商品类型及游客购物行为。

3. 主要教学点

石塘路市场坐落于闻名遐迩的旅游避暑胜地,具有"夏都"之称的北戴河石塘路中段。市场依山傍海,位置优越,交通便利,是北戴河最大的购物场所。石塘路市场总投资1.2亿元,规模宏大、构思新颖、设施先进、设备配套,是一座大型封闭式综合市场(图5-37)。

图5-37　石塘路市场(唐嘉耀 摄,2016)

描述: 市场占地面积11 883m²,建筑面积2.4万m²,有固定摊位700个,从业人员2000余人,年成交额3.3亿元。平均每年接待中外游客300万人次,暑期平均日客流量达3万余人次。经营项目有项链、工艺品、旅游纪念品、干鲜海产品和服装等30个大类,1000多个品种,可提供商品批发、零售、展销、存储、金融汇兑、货物联运等多种服务(图5-38)。市场内部管理与服务机构齐全配套,设有工商所、税务所、派出所、储蓄所、邮政所、医务室和市场服务部。

石塘路市场内的项链工艺品专业市场目前是全国最大的项链工艺品市场,经营面积5200m²,经营摊位310个,经营者800多人,年成交额1.3亿元。经营50个大门类,上千个花色品种,商品辐射全国20多个省、市、自治区,远销国外,是我国北方著名项链工艺品集散地。

线路相关知识

1. 珍珠的鉴别方法

成因:珍珠是一种古老的有机宝石,产在珍珠贝类和珠母贝类软体动物体内,由于内分泌作用而生成的含碳酸钙的矿物(文石)珠粒,是由大量微小的文石晶体集合而成的。

直观:好的珍珠,其颜色、形状和大小一致,而人造珍珠则相反。将在珍珠表面反射出来的光与内部折射出来的光进行比较,可以发现:好的珍珠看起来有一种夺目的珠光宝气,但绝不刺眼,也不晦暗,有透明感,变换不同的角度可以看到彩虹。

感觉:用手轻摸,好的珍珠与皮肤接触有凉爽感,仿制的则有油腻感。更重要的是用左、右手各抓住一颗珍珠,使之互相摩擦,有沙感(粗糙感)的是真珍珠,有明显光滑感的是人造珠。

放大镜观察法:用5倍或10倍放大镜观察,在真珍珠(包括天然珠及养殖珠)的表面能见到其生长纹,好像沙丘被风吹过一般;人造珠只能见到蛋壳状的涂层。

刀剖:用小刀或剪刀在真珍珠表面刮动,只会掉下一些粉末,而在人造的镀膜珠上刮动,会刮起一层皮膜,使其露出真面目,若在未镀膜的玻璃珠上刮动,则仅有光滑感而已。

形状:基本上有圆形、扁形、椭圆形、米形、极不规则形,但正圆的珍珠最为珍贵。

颜色:一般为米白色,但那些具有特殊颜色的珍珠当然会贵重一些,如黑色、深紫色、金色、大红色珍珠。

2. 贝壳成分及种类

贝壳,是生活在水边软体动物的外套膜,具有一种特殊的腺细胞,其分泌物可形成保护身体柔软部分的钙化物,即贝壳。

图 5-38 石塘路旅游商品类型
(李会琴 摄,2016)

贝壳的主要成分为95%的碳酸钙和少量的壳质素。一般可分为3层,最外层为黑褐色的角质层(壳皮),薄而透明,有防止碳酸侵蚀的作用,由外套膜边缘分泌的壳质素构成;中层为棱柱层(壳层),较厚,由外套膜边缘分泌的棱柱状的方解石构成,外层的中层可扩大贝壳的面积,但不增加厚度;内层为珍珠层(底层),由外套膜整个表面分泌的叶片状霰石(文石)叠成,具有美丽光泽,可随身体增长而加厚。

贝壳分为五大纲:腹足纲、头足纲、多板纲、掘足纲、双壳纲。

3. 注意事项

(1)一般贝壳类工艺品的价格并不会很高,所以在选购时切勿上当受骗,警惕掉进商家的推销陷阱。

（2）不新鲜的海鲜食用后会对身体造成伤害，轻则上吐下泻，重则会对生命安全构成威胁。建议不要在海边的游动摊位购买，而应该到正规市场的海鲜店去选购海鲜。

（3）贝类海鲜的挑选方法：

从气味上分辨：新鲜的会发出一种鲜味，如果不新鲜会有一股腥味。

从声音上分辨：用手捧住贝类轻轻摇晃，如果听到啪啪的声音说明有空壳或者沙子，这样的不要购买。

从形态上分辨：活的贝类都是贝壳紧闭偶然张开一个小缝，用手一碰就迅速合上。或者可将贝类放在水中，用手转动一下，活的海贝就会沉底，死的就会漂浮起来。螺类也以活为鲜，活螺的螺头会伸出壳外，螺厣随螺头而动。螺厣若在水中不动，且螺尾有白色液汁流出，说明螺已死，若不及时处理，螺肉就要变味。

从大小上分辨：一般来说，贝类原料以大为佳，以肥硕为好。这可以从其壳的大与小、圆与扁判别。

（4）贝类海鲜安全食用准则：

不吃内脏：重金属等污染物容易富集在贝类生物的内脏团中，而肌肉中的重金属含量最低。因此，只能吃贝类的肌肉部分。"看颜色"是较简单的判断方法。打开壳后，略微发黑的肉块多是内脏团。有些贝类内部有一根黑色的沙线，也不能吃。

挑外壳平滑的：相对外表疙疙瘩瘩的生蚝、扇贝等，蛏子、贻贝等外表干净、平滑，附着脏东西少，相应污染也少。

盐水浸泡，充分加热：烹饪前，先要把贝类放入食盐水中"养"一段时间，这样能帮助贝类排出各种毒素和沙子。然后，要用小刷子仔细清洁贝壳的表面。烹饪手法首选蒸、煮等，这样能彻底加热、杀死细菌。加工时，要冷水下锅，保证内外生熟度一致。烧烤的方法易造成受热不均、外熟里生，建议少用。

1. 观察滨海休闲娱乐设施的类型，思考滨海休闲旅游产品设计的主要类别。
2. 观察游客所选择的主要活动类型。
3. 分析石塘路市场主要旅游商品的辐射范围。

四、线路四：山水地质地貌旅游教学线路

线路：基地—角山—燕塞湖—基地

本线路在山海关区，包含角山长城景区和燕塞湖景区两个相邻的景区。考察区是柳江盆地国家地质公园和长寿山国家森林公园的重要组成部分。实习点距离实习站较远，从实习站到角山长城车程约为100min。教学内容主要为山岳型旅游资源和长城文化的功能组合，以及河流、水库等水体景观的旅游开发。实习线路如图5-39所示。

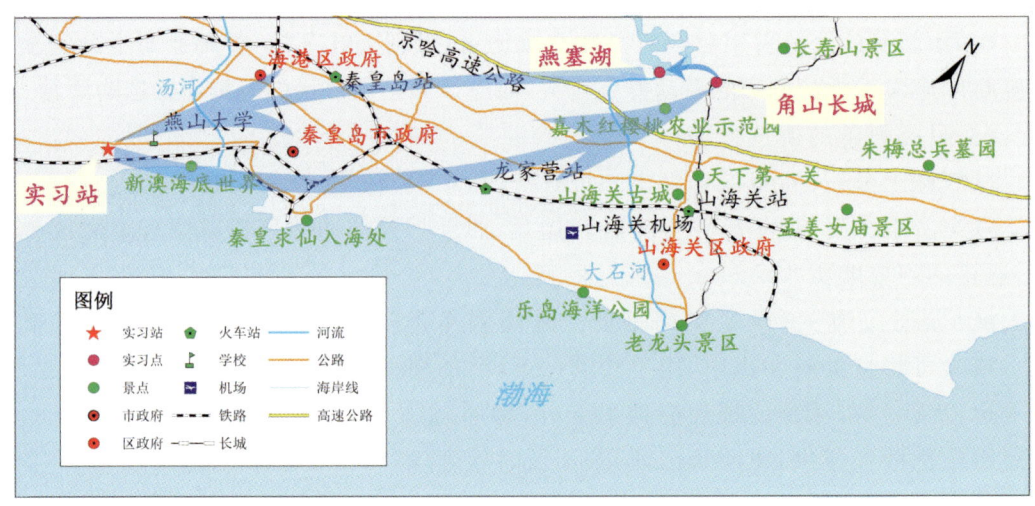

图 5-39 实习线路四示意图

（一）角山

1. 教学任务

(1) 了解角山地质地貌和岩石特征。

(2) 掌握角山人文与自然景观的旅游功能及其组合布局特征。

(3) 熟悉角山长城的构筑特征及其与山海关、老龙头的关系。

(4) 考察景区宗教文化及独特的天象景观。

2. 教学要点

(1) 结合燕山运动、喜马拉雅运动及火山喷发等地质作用原理，通过现场考察来认识角山地形地貌的成因及其特点；并通过近距离观察栖贤寺等地周边出露岩石，认识火山碎屑岩的形态和特征。

(2) 通过考察和记录，梳理角山景区人文与自然旅游景观；通过现场旅游体验，感受并分析角山自然与人文旅游资源的旅游功能及其组合效果。

(3) 现场考察角山长城的构筑特点，并通过与山海关、老龙头等地长城建筑特征的对比，来整体认识山海关长城军事防御体系的功能，进一步认识长城文化及其旅游价值。

3. 主要教学点

角山景区，是五佛山国际生态旅游度假区（AAAA 级景区，包括角山景区、长寿山景区及五佛山景区）的 3 个景区之一，距山海关城北约 3km，景区主要山体系燕山余脉，主峰大平顶海拔 519m，是山海关关城北面山峦屏障的最高峰。角山景区以盘旋于峻岭之上的长城为主线，以邻近的燕塞湖为映衬，湖光山色交相辉映，山间索道飞架于山岭之上,古老的庙宇掩映在丛林之中,气象万千,引人入胜。主要景点及观景地有角山大门、角山长城、旱门关、角山索道、栖贤寺、甘露亭、共工亭等,主要的气象景观有"山寺雨晴"和"瑞莲捧日"。

No.1 角山大门

描述:角山大门建于1991年。大门是仿明代城堡建筑形式,造型象征山海关的"山"字。门楼横长27m,中间门楼高12.2m,两侧门楼各高11.2m。迎面上额石匾"角山长城"4个大字,为黄华所写,背面上额"碧海雄风"4个大字,为贺敬之题写(图5-40)。

旅游功能:角山景区大门造型独特,设计古朴、沉静而庄严,突显了角山的雄伟壮观和长城的坚固威严,对于营造景观氛围和游客第一印象有着重要作用。"角山长城"四字题写者黄华(1913年1月—2010年11月),是中华人民共和国前副总理、外交部前部长、中国长城学会会

图5-40 角山景区大门(肖拥军 摄,2016)

长;"碧海雄风"四字题写者贺敬之(1924—),是国家前文化部部长,当代著名诗人和剧作家。国家领导人和文化名人的题词,突显了景区的重要地位,不但具有很高的艺术审美价值,同时增加了景区的历史感和文化气息。

No.2 角山

描述:角山距山海关北约3km,系燕山余脉,是关城北的山峦屏障。最高峰大平顶海拔519m。峰顶平广,巨石嵯峨,好似龙首戴角,角山因此而得名。角山是万里长城从老龙头开始,经山海关后跨燕山丛岭的第一座高峰,被称为"万里长城第一山"(图5-41)。

角山地质地貌及岩石特征:在侏罗纪—白垩纪(距今1.89—0.65亿年)的燕山运动期间,发生了火山爆发,形成了大面积的火山熔岩和火山碎屑岩;燕山运动使之抬升,形成高大山体。组成角山的岩石主要为火山熔岩和火山碎屑岩。距今1.4亿年前的侏罗纪晚期,角山一带岩浆活动强烈,火山喷发频繁。大规模的火山活动,喷发

图 5-41　山脚仰望角山（肖拥军 摄，2016）

了炽热的岩浆，在地面流淌；山体爆裂，大量的岩石碎屑被抛向空中，落入滚烫的熔岩流或覆盖其上，形成了厚层的火山碎屑岩。碎屑岩物质块体较大时，称为火山集块岩；中等大小时，称为火山角砾岩；呈微小颗粒状时，称为火山凝灰岩。这些岩石在角山一带都有分布（图 5-42）。

图 5-42　角山火山碎屑岩（左图下部，右图上部）（肖拥军 摄，2016）

旅游功能：角山地质遗迹记录了亿万年前的地质演化过程，十分珍贵，现为秦皇岛国家地质公园的重要组成部分，游客在登角山过程中，除了欣赏角山自然山水的美景，还能通过对地质遗迹的观察和导游讲解，感受自然地貌的沧桑巨变。"仁者乐山、智者乐水"，旅游者在考察、游览途中，不但能接受到地质科普教育，更能形成尊重自然、敬畏自然的心态，从而爱惜一山一石、一草一木，与大自然和谐相处。

No.3　李自成像

描述：进景区大门后向左行，在通往角山索道下站的游路左侧，静静地伫立着明末农民起义领袖李自成的石像。李自成（1606—1645），陕西米脂人，1629 年率众起义,称闯王。1644年1月,建立大顺政权,年号永昌,不久攻克北京,推翻明朝。同年4月,李自成与吴三桂、多尔衮在角山长城西1km处的石河激战,史称石河大战。李自成战败,退出北京,率军在河南、陕西一带继续作战。李自成起义虽然没有获得最终胜利,但对中国历史的进程起到了推动作用(图5-43)。

图5-43 李自成石像(肖拥军 摄,2016)

旅游功能:石河经角山西侧流经滨海平原后入海,是角山景区和燕塞湖(石河水库)景区的分界线,之所以在角山景区设立李自成像,是因为石河大战是围绕山海关的争夺而展开的,又称山海关大战。角山和角山长城脚下的石河大战,是山海关长城文化的重要组成部分。塑李自成像,既是对农民起义领袖的缅怀,又是对历史的回望,使游客在角山登高远望长城、石河之时,不禁遥想当年古战场上刀光剑影、风鼓齐鸣的壮阔场面。

No.4 角山索道

描述:角山索道是在山海关区政府主持下修建的,是当时国内比较先进的运载索道,索道全长833m,高差211m,距离地面垂直高度平均6m,共有吊椅120个,每秒运行达1.25m,往返需22min,每小时最高运客达600人次。索道山下站房系仿古建筑,面积866m²;山下站房为莲台,山上站房建筑形式仿"瑞莲捧日"景观特色(图5-44)。

旅游功能:角山索道起点离景区大门较近,索道与角山长城分别是景区环线的西线和东线。乘坐游览索道,既安全可靠、省时省力,能较快地到达栖贤寺,又可饱览角山绚丽的风光,俯瞰古山海关城全貌及万顷碧波的大海。

图 5-44　角山索道山下起点站"莲台"及索道(肖拥军 摄,2016)

No.5　栖贤寺

描述：栖贤寺原名栖霞寺,俗称角山寺,始建于明初,占地面积 68 亩,原建有山门、望海观音殿、龙神祠、肖显读书处、伽蓝殿、达摩殿、角山精舍、魁星阁、甘露亭、孚佑宫、经畲别墅等。清乾隆、道光、咸丰年间,又重修和改建了关帝殿、桓侯祠等殿宇。解放前毁于战火。1990 年冬至 1991 年春,山海关文物旅游局主持重建了栖贤寺,按原貌在原址部分恢复,建筑为硬山砖木结构,总建筑面积 662m^2。栖贤寺是明清时期山海关文人雅士读书消夏之所。明代尚书詹荣、明代书法家肖显等少年时期都曾在此读书,故有山海关文化摇篮之美称(图 5-45)。

图 5-45　栖贤寺外景(肖拥军 摄,2016)

来到栖贤寺的山门下,迎面便可看到山门上刻有中国佛教协会会长赵朴初先生为其题写的寺名牌匾。跨进山门,可见"哼哈二将"威严地守卫在两侧。过山门,正中有一座香炉,香烟缭绕。山门东侧矗立着一座巨大的钟架,为清乾隆年间原物。时代的年轮已使它上面的字迹模糊不清,隐约可见"捐银"者、"承办"者及"住持""姓名"等字样。钟架上挂有一铜钟,下面写有"国泰民安,风调雨顺",背面写有"万代遐昌,亿兆欢腾"。此钟为1991年复建时仿造。在钟架的东侧是肖显读书处,门两侧分别写有"适兴聊沽陶令酒,感怀频咏杜陵诗"的联句,横批为"渊明遗风"。

过了肖显读书处就是伽蓝殿,殿内三尊塑像,居中者为孤独长者,左侧站波斯匿王,右侧站祇陀太子,南北山墙壁画是十八神护伽蓝。出伽蓝殿往东,扶栏而上,可见魁星阁独矗山间,阁内有一石碑,碑上刻一神仙画像,手持神笔,相传是天上文状元魁木郎。其上有一联曰:"朱衣半身其貌太陋,千古人才尽在一斗。"它的北侧是咳嗽神殿。咳嗽神殿的西侧是书写"普门示现""慈航普渡"的"望海观音殿",殿内供观音、文殊、普贤三大菩萨,两山墙壁画是根据观音菩萨海上救难、大旱降甘霖等传说所绘制,线条流畅、栩栩如生。再西侧就是传说中的"威扬瀚海"的龙神祠和神水井。俯视神水井内,尚有水影波动。往南走,就来到了"达摩殿",殿门额上写有"易筋功深"四字。它的南侧是"硕德伟绩载史册,高风亮节勒燕山"的三贤祠,祠内绘肖显、郑已、詹荣的壁画肖像。再南行,过月洞门,就是"赤诚忠义垂千古,馨香俎豆遍寰宇"的关帝殿,正中供关羽夜读《春秋》坐像,左关平,右周仓,气势凛然。紧邻其侧的是"义而已矣"的桓侯祠,内供张飞坐像。往前行,拾阶而上,就来到了甘露亭。立于亭上,西面燕塞湖碧波如镜,东望万里长城雄伟壮观,北览群山峰峦叠翠,南看大海朦朦胧胧,游人会觉得豁然开朗、心旷神怡(图5-46)。

图5-46 栖贤寺主要建筑(观音殿和龙神祠)(肖拥军 摄,2016)

旅游功能:深山藏古寺,幽境访仙人。一般名山,多以寺庙、道观为其文化厚积之地,因而栖贤寺也是角山景区不可或缺的文化景观。栖贤寺是一处人文古迹,便于游客了解我国寺庙建筑特征和布局,探寻佛教文化;栖贤寺环境清幽,便于游客在游览途中劳逸结合,来此静静游览和休憩;栖贤寺文化内涵丰富,游客在此可感受慈悲(观音)、忠义(关羽)、勇武(张飞)、清读(肖显)等广为人民大众认同的传统价值观;栖贤寺氛围平和而沉静,游客在感受长城铁血文化之余,能在此体味慈悲和平的文化气息。

另外,如果机缘巧合,游客在栖贤寺还可以看到奇特的气象景观——"山寺雨晴"。每值夏季,角山附近云集雾散无常,瞬息万变;时而云雾在半山间飘飘荡荡,山脚下细雨霏霏,而寺中风和日丽;时而寺中白云过顶,大雨瓢泼,而寺外却阳光灿烂,别具一番天地。清代王一士有诗赞道:

> 山寺巍峨逼太清,下方阴雨上方晴。
> 阶前俯视蛟龙斗,槛外高悬日月明。
> 雾锁云环铺大野,松声鸟话绕边城。
> 时风顿扫效原静,万壑金蛇赴海行。

"瑞莲捧日"是角山寺又一奇特景观。指拂晓晨曦微露时分,站在角山之巅,可见一轮喷薄欲出的红日突破天际,四周红云聚拢,好像莲座,又如一株亭亭玉立的出水芙蓉,美丽异常。片刻太阳跳出海面,云消雾散,莲座隐云。奇景使见者如醉如痴,流连忘返。清代陆开泰如引描述"瑞莲捧日"的壮丽景色:

> 万里晴空绚早霞,云含署色观奇葩。
> 飞来玉液千重瓣,涌出红盆十丈花。

清代王一士则这般赞曰:

> 蜃气才收绚彩霞,琉璃屏畔涌奇葩。
> 捧来东海一轮日,现出西湖十里花。

No.6 共工亭

描述:共工亭位于甘露亭西侧,是角山景区与燕塞湖景区分界处的一座观景、休憩凉亭(图5-47)。共工,为氏族名,又称共工氏,上古神话中往往将一个氏族部落人格化为个体,因而共工氏也为中国古代神话中的水神,掌控洪水。据《列子》一书记载,传说共工素来与火神祝融不合,因"水火不相容"而发生惊天动地的大战,最后共工失败而怒触不周山。共工氏姓姜,是神农氏之后,也是一个为发展农业生产做出过重要贡献的人,他发明了筑堤蓄水的办法。黄河的河水泛滥经常威胁到部落的生存,

图 5-47 共工亭(左)与甘露亭(右)(肖拥军 摄,2016)

共工率领大家与洪水英勇搏斗,他们采取"堵"而不是"疏"的办法来治水,未能根治洪水,但是为后人治水积累了经验。共工是华夏的治水英雄,被后世尊为水神。共工治水表现出来的永不言败的精神,是中华民族宝贵的精神财富。后来共工与颛顼争夺部落盟主地位,而颛顼则利用民众迷信的心理,声称共工治水会"触怒上天",导致共工失去支持,最终失败。而共工为捍卫自己的治水大业,撞山自杀,以示不屈。共工与颛顼争夺帝位的故事,后被演绎成"怒而触不周之山"的神话。还有的人认为共工氏实际上战败后北迁了,后来在幽燕地区活动的后土就是共工氏的后裔。

旅游功能: 共工亭是一处仿古人文建筑,是景区规划建设中的神来之笔,其所包含的丰富的华夏文化内涵,为长寿山景区及其相邻的燕塞湖景区增添了神秘浪漫的文化色彩。游客来到共工亭,既可俯瞰燕塞湖全景,远眺石河、渤海与山海关,意气风发,心旷神怡;又能在历史回味与导游讲解的引导下,幽思怀古,感叹华夏先民在洪水等自然灾害面前永不止步的抗争历程;更能面对高山平湖,感怀当代水库建设者们的勤劳智慧。叹来路之艰辛,感今昔之不易,共工亭是旅游者升华审美感受的理想之处(图5-48)。

图5-48 共工亭处眺望燕塞湖(肖拥军 摄,2016)

No.7 角山长城

描述: 角山长城通常是指由山脚到大平顶的长1536m的长城。这段长城共建有敌台3座,战台2座,关隘1座,城外山阜之上建哨楼1座,取名镇虏台。自1986年以来,山海关区对角山长城进行了4期修复工程,修复长城778m,旱门关1座,实心敌台1座,战台1座,角山东11号敌台1座,旱门关10号敌台1座,57号敌台1座,登城马道1条,库房3间,再现了角山长城的雄伟气魄(图5-49)。

图5-49　角山长城俯视(肖拥军 摄,2016)

长城特点:角山长城的高度和宽度有明显的随山就势的特点。城墙大部分就地取材,毛石砌垒,局部为城砖和长条石垒砌。这里长城高度一般为7~10m,宽度平均4~5m。在山势陡峭之处,也有利用山崖砌筑的,可窄到2.7m。这些墙段,外侧十分险峭,难于进攻;内侧又十分低矮,便于登墙作战。角山长城自旱门关10号台起沿着巍峨的山势、险峻的地貌起伏盘旋,全长超过4km,呈"厂"字形。敌楼、城台串联,堞垛呈阶梯状展布,长城威严的气势与雄伟的山峦浑然一体,表现出独特的英姿(图5-50、图5-51)。

旅游功能:修复后的角山长城,更显得巍峨壮丽、气势雄伟。登上角山敌台,近临断崖峭壁,远望群峰起伏,大海如在脚下,长城倒挂山间,雉堞密布,楼台耸峙,观之令人豪气勃发,思绪万千。"不到长城非好汉",游人经过艰险的攀登,登上角山长城的敌台时,会在瞭望原野、崇山、大海时,激发好汉情怀(图5-52)。有古诗赞角山长城曰:"自古尽道关城险,天险要隘在角山。长城倒挂高峰上,俯瞰关城在眼前。"

图 5-50　角山长城敌台外景(左)及战台内景(右)(肖拥军 摄,2016)

图 5-51　角山长城遥望山海关(远方平原处)和渤海(肖拥军 摄,2016)

图 5-52　架空游览过道及城墙上的游道(肖拥军 摄,2016)

No.8 旱门关

描述：旱门关是山海关的十大关隘之一,位于角山南麓长城上的一个关口。它虽然是山前的一座小关口,但战略地位却十分重要。它紧扼山前要津,为兵家所必争。据旧《山海关志·山海抵黄花镇图》记载:"旱门关,在城北六里,角山山脚。"建关之前,此地荒无人烟,为先人墓地,明初始建关并置要塞驻守。"明嘉靖十四年(1535年)置官军22员,有兵器35件。"明末清初时砌塞。

原旱门关建筑分城台、城楼两部分。城台高8.4m,台面长8.3m,宽与城墙顶面宽相等,中间有砖砌拱门,门上镌刻"旱门关"3个大字。门洞内高5m,宽3.1m,进深10.8m。洞内以1m高的条石砌筑壁体,石上是砖筑体,洞内有两扇对开的木质大门,铁皮包镶,向内开,平时可以开放,只通步骑,战争来临时即刻关闭。城台之上原建有一座歇山瓦顶二层箭楼,体量不大,外围有垛墙围护,因废弃年代久远,楼已不存在,只有门关。现城门洞上方有一石匾,上书"旱门关",这是1986年修复工程中置放的。

旅游功能：旱门关是山海关城经北冀城向北延伸依山而上的第一道关口,是山海关的十大关隘之一,是整个山海关城防御体系的重要组成部分。旱门关建于角山脚下,与老龙头南海口关相对应,一个襟山,一个控海,南北呼应,固如金汤。游客来此考察、游览,能更加清晰地了解山海关军事防御体系的完整性,更加深入地体味长城文化。旱门关关城箭楼虽已不在,但城台、门洞尚存,依然是游客科考寻访、凭吊怀古的重要场所。

(二)燕塞湖景区

1.教学任务

(1)熟悉大石河的水文特征和燕塞湖的成因。
(2)了解燕塞湖周边风景点及传说故事。
(3)熟悉燕塞湖景区布局及功能设施。
(4)考察景区智慧讲解、智慧管理建设。

2.教学要点

(1)现场考察石河,并结合相关资料,认识石河水库形成的原因、水库形态,以及这一水利工程的防洪、供水、旅游等综合功能。

(2)结合前期掌握的导游资料,现场观察燕塞湖湖面及沿岸风景点的形态,并指导学生进行现场导游讲解。

(3)通过现场旅游体验,结合景区布局图,考察燕塞湖景区布局的合理性,以及旅游功能设施对旅游者的适应度。

3. 主要教学点

No.1 燕塞湖

描述：燕塞湖，位于山海关城西北 3.5km 处，原名石河水库，是 1974 年筑坝蓄水而成。因地处燕山要塞，故名燕塞湖。石河，古名渝水，发源于青龙，原本是一条害河，每年夏秋两季，群山峡谷间的洪水从峭壁悬崖间狭窄而弯曲的河床里奔出山口，泛滥成灾。新中国成立后，仅用 3 年时间，劈山筑坝，蓄水为湖，使昔日漫流横溢的石河水，被锁在山谷之中，不但成为秦皇岛市工农业和居民生活用水的丰富水源，而且为秦皇岛市增添了秀丽壮观的一处旅游景点。水域面积 4.5km²，库容近 7000 万 m³，其宽阔的湖区，宛如画境。湖面两岸是峭壁悬崖，叠起的峰峦，映得湖心苍翠晶莹。崖畔怪石嶙峋，又恰似石林景色，被人誉为"北国小三峡""北国小桂林"(图 5-53)。

图 5-53 燕塞湖景区(肖拥军 摄，2016)

石河是古城山海关右翼的自然鸿沟，历来兵家多以此为天然屏障。石河两岸，也曾进行过无数次大大小小的战斗。明清之际的山海关战役，石河两岸陈兵数十万，成为李自成农民军与吴三桂厮杀的战场；北洋军阀时期的两次直奉大战，都曾在此进行决战；1933 年 1 月，日本侵略军发动"榆关事件"，作为进攻华北的前奏，遭到我爱国将领何柱国将军顽强抵抗，打响了长城抗战的第一枪。

燕塞湖景区是国家 AAAA 级景区，建有功能齐全的游客中心、医护中心，内设触摸屏式声像导游设备及婴儿车、轮椅、便民伞等温情服务设施；景区导游图、游览路线、冷饮厅、饭店、停车场等旅游服务设施齐全。1985 年建成登山索道，长 300m，最大高度 60m。景区救援预案齐备，并有专人接待。

燕塞湖景区地形地貌：本景区属于柳江盆地国家地质公园和长寿山国家森林公园的重要组成部分，因地处燕山要塞而得名。2001 年 12 月 20 日，经国土资源部批准，柳江盆地地质公园与黄山、峨眉山、壶口瀑布等一起进入第二批国家地质公园行列。燕塞湖景区山岭与周围其他山体同属于燕山山脉东段，其主峰在青龙县西北部的都山,海拔1846.3m。燕塞湖周围山体俗称"燕山",总面积60余平方千米,占山海关区面积的1/3,大峪顶为其最高峰,海拔926m。一亿年前侏罗纪开始形成火山,约5000万年前喜马拉雅运动的影响开始造山运动,又经大自然的天工雕琢,形成山地、峡谷、河流、洞穴、悬崖等地形要素和景观要素丰富的荟萃之地。加之人工筑坝而形成的山间平湖,配以周围悬崖壁立、峰林照影、绿岛点缀,为山、海、长城等壮阔雄浑景观之外又增添了一处秀美景色(图5-54)。

图5-54 燕塞湖湖面及周围山体(肖拥军 摄,2016)

燕塞湖山体岩石特征: 燕塞湖周围山体,其表面所履盖的岩石类型有所不同。南岸山岭多分布火山碎屑岩(其成因前文有所描述),表面呈灰褐色,在清风亭周边发育比较典型。北岸及外围山体多为岩浆岩,是燕山运动岩浆活动的产物。以景区停车场附近的采石场出露岩石为例,主要岩石类型有肉红色斑状正长岩、浅灰色正长斑岩。斑状正长岩,新鲜面呈肉红色,风化面为土黄色,肉眼可见清晰的似斑状结构,块状构造,斑状晶体为肉红色的正长石,柱状晶形;正长斑岩,呈岩脉产于斑状正长岩中,岩石新鲜面为浅灰色,风化面为灰色,斑状结构,块状构造,斑晶为肉红色正长石,基质为隐晶质,与围岩之间侵入接触关系明显,有冷凝边和烘烤边发育(图5-55)。

燕塞湖的成因: 一般的堰塞湖是由火山熔岩、冰碛物或地震活动等原因引起山崩滑坡等堵截山谷、河谷、河床后贮水而形成的湖泊。燕塞湖则是因人工筑坝于大石河出山口而形成的人工湖。燕塞湖所在河段为石河下游,河流即将入海,地势平缓,曲流十分发育。当新的构造运动使山体缓慢抬升时,河流也随之下切,这样原来的河谷形态就被保留下来了,拦水筑坝以后,水位抬升,形成了山间平湖。

大石河水文特征: 大石河水量丰富,多年平均径流量为1.68亿 m^3,河流补给以降水为主,所以平时流量很小,一般为0.3~0.6m^3/s,枯水期最小流量仅为0.15m^3/s。7、8月雨季时,径流量占全年的70%~80%,多年7月份平均流量为25m^3/s,暴雨后洪水立刻上涨,且暴涨暴落,大汛周期为20年,小汛周期为5年。大石河洪水的主要特征是洪峰高、流量大、来势猛、泥沙多。输沙量集中于7、8、9三月,

图 5-55　清风亭及附近火山碎屑岩（肖拥军 摄，2016）

其中 7 月最大，近 20 年，年平均输沙量 10.4 万 t，其他月份基本无泥沙入海。入海口形成水下的三角洲，其前缘以陡坡形式逼近 10m 等深线，60 余年已向前推进百余米，上部为泥沙。入海口老龙头岬角已不足为阻拦大石河泥沙的屏障。石河过去曾多次造成水患，自 1974 年在大石河出山口建成石河水库以后，灾情大为减少。燕塞湖库容 6750 万 m^3，不仅是秦皇岛市区主要供水水源之一，更成为风景秀丽的旅游景点。

燕塞湖水质优良，清澈见底，为地表水 Ⅱ 类水质，水库鱼类主要有：青鱼、草鱼、鲢鱼、鳙鱼、鲤鱼、鲫鱼、白条等。

燕塞湖旅游景观：燕塞湖不仅富有佳山丽水，更有奇石异景。她像一颗璀璨的明珠镶嵌在古老的长城边（图 5-56）。

图 5-56　清风亭边远看湖光山色（肖拥军 摄，2016）

清风亭:清风亭是位于燕塞湖西南岸岬角上的一座观景凉亭,通往凉亭的拱桥叫作"清风桥"。清风亭建于1984年6月,仿造承德避暑山庄烟雨楼一亭样式而造。在清风亭及其周围休憩,能使游客能近距离亲近湖面,放眼四周湖光山色,但见一片绿色世界:苍绿的松柏,嫩绿的小草,淡绿的山峰,映照在碧绿的湖水中,形成了一排排墨绿色的倒影。燕塞湖的绿色装点着层岩叠嶂,点缀着碧波涟漪,绿满山峰,绿淌河谷,令人赏心悦目。

燕塞湖大坝:也叫"横空石壁",大坝长365m,高44.6m,它是一项集防洪、发电、供水、养鱼、旅游于一体的民生水利工程。国画作家吴作人先生曾到燕塞湖大坝观其壮观景象并赋诗一首:"人定胜天工,燕塞蓄翠洪。坝头倾万斛,湖上立千峰。"形象地描绘了大坝一夫当关,万夫莫开,并与周围山景、湖水形成一个整体的壮美景象。燕塞湖大坝表现了新中国劳动人民改造自然、适应自然的伟力和智慧,是燕塞湖景观的画龙点睛之处(图5-57)。

图.5-57　石河大坝和"洞山剑峰"(肖拥军 摄,2016)

首山:是山海关地区的名山之一,位于石河出山口的右障。山上原建有二郎庙,现建有"乐寿""可琴""望岛"3座亭,错落有致,石河环萦山脚之下,展现了"南瞻大海浮青色,北揽群峰翠屏开"的景色。水光山色,旖旎清秀,使人如置身于图画之中。山巅有一古松,昂首挺立,如张开双臂迎接来者,故名"迎客松"。

五泉山:在湖区西南处,山上多槲树,有五条泉水流入石河。半山间原建有五泉庵,群峰环列,林木掩映,古雅幽静。"雨过云霞无定景,风回花草散诸香",每逢深秋,霜打红叶红如火,与苍楹翠柏相映,如锦似绣,景色十分瑰丽。

洞山剑峰:是燕塞湖内的湖心小岛。石河两支洞水汇于山前,形成深潭,其上半壁悬崖,青峰峭拔。山腰有一天然石洞,深不可测,常有蛇蟒出没。洞窟下绝壁濒临深渊,旁有樵夫小径可通山顶。传说石洞是吕洞宾斗苍龙之地,洞为苍龙钻山撞击而成,剑峰为吕洞宾劈山后留下的宝剑形成的剑形山石。由于水库水位升高,大半个山和石洞已被湖水淹没,只剩下一片青翠苍碧的湖心岛和"剑峰"供人们观赏。山峰上有座四角凉亭叫"燕春亭",寓意燕塞湖春天永驻,春水长流。

山中月镜:在燕塞湖内有一半岛,形如一弯新月,岛下湖水如镜。在湖中望岛呈半圆形,山影倒悬,月色幽静,形影合一,恰恰构成一个圆形。诗人田间送其名为"山中月镜"。

龟石千秋:是一块象形石,在燕塞湖中莲浴沟山麓。一块椭圆形巨石临崖而立,俨然千年老龟,正小心翼翼地俯视洞底。崖下潭水淙淙,浪痕斑驳,奇石罗列,耐人寻味。此石人称"龟石千秋"。

神女浴日:游船穿过三道河,向西眺望,可见一个石人横卧在绿茵茵的山坡上,每日沐浴着阳光。其形态奇特,惟妙惟肖。这里有一段美丽动人的传说:这神女是东海龙王的三女儿,因抗婚、向往人间而死于此地,后化作石像。

杏岭银屏:石佛山西有数石如林,形如一个个打坐的僧徒,闭目沉思;山脚下峰林石柱,峥嵘突兀;石柱间长满了杏树,每逢四月,杏花怒放,阳光辉映,山岩闪闪发光,整座山峰更显得格外俏丽妩媚,人们称之为"杏岭银屏"。

椒山秋色:在大小青龙峪的东麓,花椒树夹石丛生。秋风送爽之际,椒果累累,"红于二月花",满湖洋溢着花椒的清香,沁人心脾。

金蟾戏水:在小灵塔崖上有两块青石豁然而出,形如两只金蟾卧在山崖,一只跷脚向下,酷似寻食之状;一只仰目向天,似欲登高。其形象逼真,游人观之,无不赞叹。

此外,燕塞湖还有"母女峰""仙人竖指""千佛山""骆驼峰""小三峡"等迷人景观,乘游船逆流而上,大有"山重水复疑无路,柳暗花明又一村"之感,令人流连忘返。

No.2 鸟语林、松鼠园

描述:鸟语林建成于1998年,占地1.5万 m^2。鸟语林充分利用高山谷壑优越的自然地形,良好的植被条件,在山林中建成,中间的支撑立柱高38m,四周的16根边柱高20m,吊起1.5万 m^2 的阻燃网,形成了20余万 m^3 的鸟类栖息空间。鸟语林放养黑天鹅、丹顶鹤、鸿雁、褐马鸡、白鹭、孔雀等百余种,近3000只珍稀鸟类(图5-58)。松鼠园位于鸟语林斜对面,与鸟语林一路之隔,建成于2000年,占地10 000m^2,放养有几千只珍奇可爱的各种松鼠。园中设有松鼠观赏区、益寿林、益寿泉、珍珠潭、

图 5-58 鸟语林入口处及游客(肖拥军 摄,2016)

玉兔村等景观。

旅游功能：鸟语林是集驯养、保护、科普、观赏为一体的鸟类表演和观赏乐园,游客可以欣赏到孔雀东南飞、鸟艺表演场、人工小溪、和平鸽广场等景观,观赏鸳鸯戏水、孔雀开屏、大鹏展翅及多种鸟类的精彩表演,感受到鸟语林安静、祥和的气氛。来到松鼠园,游客可在天然的松林中与松鼠相伴嬉戏,共享林中大自然的神奇野趣。鸟语林和松鼠园是燕塞湖景区的重要组成部分,两个园区为景区增添了参与性高、生动活泼并富有情趣的游览项目,为国家森林公园增添了"动物"这一重要的森林体验要素,为带小孩的家庭旅游者提供了极具吸引力的观赏项目和游憩场所。

1.角山景区与燕塞湖景区紧紧相邻,各自收门票但互相借景,如果合并为一个景区将会有何利弊?

2.观察并分析角山景区与燕塞湖景区游客类型及其旅游行为。

3.自老龙头至角山,山海关长城防御体系共分布着哪几大关隘?

4.如果燕塞湖水上游览项目停运,你对景区游线和旅游项目的调整有哪些建议?

五、线路五:沙质海岸体验旅游教学线路

线路:基地—黄金海岸—翡翠岛—基地

本线路实习地点在昌黎县,距离实习站车程约 2h。沿途主要景观有黄金海岸、沙雕大世界等主题游乐园(图 5-59)。

(一)黄金海岸

昌黎黄金海岸南起滦河口,北至南戴河、北戴河海滨,1990 年 9 月经国务院批准,命名国家级"昌黎黄金海岸海洋自然风景保护区",是我国 7 个国家级海洋类型自然保护区之一(昌黎黄金海岸自然保护区、广西山口红树林自然保护区、海南万宁大洲岛海洋生态自然保护区、南麂列岛自然保护区、海南三亚珊瑚礁自然保护区、天津古海岸与湿地自然保护区、福建晋江深沪湾海底古森林遗迹自然保护区)。海岸线全长 52.1km,总面积 300km²,其中有 26.8km 属于沙质海岸,海域 1.5m 等深线,平均距海岸 200m。

实习途中经过黄金海岸风景区、圣蓝皇家海洋公园、国际滑沙中心、沙雕大世界等景点,可经停参观。

(二)翡翠岛

1. 教学任务

(1)认识翡翠岛海岸地貌及岛上植被特征。

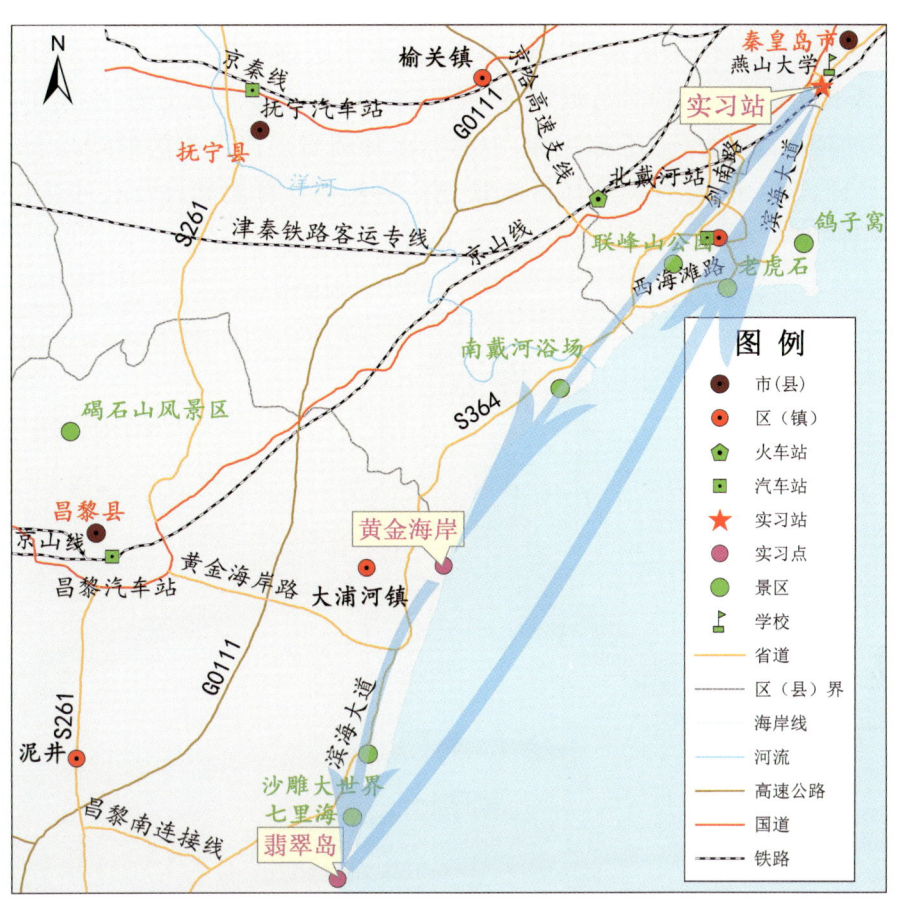

图 5-59 实习线路五示意图

（2）认识沙丘形成的原因。
（3）认识潟湖特征及成因。
（4）观察常见海洋生物及其类型。
（5）考察沙滩体验旅游项目开发。

2. 教学要点

（1）通过观察沙滩、沙丘、海岸沙漠景观，使学生了解沙丘地貌类型及成因。
（2）观察潟湖的特征，总结分析其成因及其旅游价值。
（3）考察并体验沙滩特色旅游项目，引导学生分析其设施布局的合理性。
（4）考察翡翠岛生态环境保护现状，思考旅游开发带来的环境问题、旅游项目设计的原则及环境保护措施。

3. 主要教学点

翡翠岛位于河北省秦皇岛市昌黎县黄金海岸南部沿海。翡翠岛上绿树葱郁，浓荫覆盖，恰似一块镶嵌在金沙滩的翡翠，故名翡翠岛。其东、北、西三面由渤海和七里海(潟湖)环绕,是一座由黄色细沙和绿色植被相间构成的半岛,岛上沙山连绵起伏,造型优美,最高处达 44m,方圆约 7km²,素有"京东大沙漠"之称。岛上是鸟类的王国,其中属于国家重点保护的鸟类"黑嘴鸥"等有 68 种之多。珍贵的"文昌鱼"是全国分布最多的地区之一,岛上还有沙参、白苇等多种药材。连绵起伏的沙丘与碧海、蓝天、绿林共同构成一幅罕见的海洋沙漠景观。主要景点有潟湖、沙丘、沙滩海岸及海滨体验项目(图 5-60)。

图 5-60 翡翠岛景区门(李江敏 摄,2016)

No.1 七里海潟湖

描述:位于景区门口区域。七里海潟湖是河北昌黎黄金海岸国家级自然保护区内重要的保护区域,是我国目前最大的潟湖。东北隅有潮汐通道与海相连,属半封闭式潟湖,地貌类型包括湖滩、湖盆、湖堤、防潮闸、码头、潮汐通道、海滩等,其中含有较多的人工地貌,建区时潟湖盆地总面积约 8.5km²,水面 3.5km²。七里海潟湖是林区和湿地相接之处,也是众多候鸟迁徙的路线,有丰富的鸟类资源。

成因:七里海变成与渤海相通相连的潟湖,始于一场巨大的沧桑之变:在清朝咸丰八年(1858 年)和咸丰九年(1859 年),因接连两年大旱,七里海的水源断绝,湖水干涸,沿湖村民在其间种植小麦,皆获特大丰收。但到同治年间,又"潴水如故",而且面积比以往又"广袤数十倍"。变故发生在清朝光绪九年(1883 年)夏天,当时"滦河涨溢",泛滥的滦河及饮马河等河流汇集的洪水,几乎全部倾泻到七里海中,七里海水骤然猛涨,在一日凌晨时分,湖水在今新开口处将沙坨峪冲开一道豁口,将满湖的洪水排入大海。

No.2 沙丘

描述:黄金海岸类型属于沙坝——潟湖海岸,在大蒲河口至滦沙口沿岸发育有风成沙丘(图5-61)。在沙丘带向陆一侧为潟湖沉积(七里海),向海一侧为海滩沉积。沙丘区平行于海岸多带状分布,长30余千米、宽1.2~2.5km,自北向南沙丘带逐渐变宽,沙丘高度逐渐增大,以新开口至滦沙口之间最为发育。沙丘最高峰44m,为我国海岸沙丘最高峰。沙丘两坡不对称,迎风坡缓,约9°~11°,背风坡陡,约30°~32°。沙丘四周一排排高大的树林正沿着海岸线延伸,形成一道美丽的景观带。北戴河区的沿海防护林建设从20世纪50年代开始,经过几代人的艰苦努力,使昔日的荒沙滩变成了以刺槐、杨槐、杨树为主的一条沿海绿带。

图5-61 沙丘(李江敏 摄(左),2016;姜涛 摄(右),2014)

成因:

(1)沙的来源:主要由入海河流所携带的泥沙沉积而来,宽达200~500m的海滩是风成沙丘的直接物源区。海滩砂质的沉积依河流的输送与补给。戴河、洋河、饮马河在沙丘北部流入辽东湾,但为低山发源的短小河流,且为间接性河流,不能携带大量泥沙。滦河是沙粒的主要来源,发源于蒙古高原。全长900km,每吨河水含沙量小于黄河,但大于长江、珠江和辽河,入海泥沙有75%以上集中于盛行偏南风的5—8月内,成为本区沙滩和沙丘的主要物质来源。

(2)风成沙丘的发育:偏东风向和涨潮流的作用使大量的沙物质堆积于海滩上部,在优势向岸风的作用下逐渐沿海岸线平行堆积,产生新月形沙丘,并相连成沙丘链。向陆方向,海岸相对沙丘展布没有影响,因为向陆一侧沙丘垂直于优势风向。

旅游价值:连绵的沙丘形成大漠景观,并为开发滑沙、滑草等滨海体验项目提供绝佳天然场地。

No.3　海洋生物

描述：翡翠岛为滨海湿地,主要为泥沙质,盐度变化范围大,有机质含量丰富,是许多候鸟和旅鸟停栖的地方,在保护生物多样性方面有重要作用。植被主要属于滨海沙生和湿生植被,主要有沙钻苔草、无门冬、合掌消、肾叶打碗花、紫苜蓿等。防护林带主要有人工栽培的刺槐、水叶黄杨、洋槐、柳树等,树高10m左右。在高潮线附近生长有耐盐植物。动物主要有文昌鱼、黑嘴鸥、海鸥、燕鸥、东方白鹳等,此外还有一定的节肢动物、软体动物、环节动物。这里生物种类较少,群落单一,但个体数量和密度非常大,呈集群分布。

旅游价值：丰富的动植物资源可开发专项旅游考察,这里也是候鸟和旅鸟的停栖地,是观鸟爱好者经常光顾的观鸟场所。

No.4　海滨体验项目

描述：近海沙堤使黄金海岸海浪高度大大降低,无汹涌浪潮,潮水落差只有1.5m。浴场水质洁净,捕鱼业检测部门测试,大部分为一类海水。由于海流海浪作用,这里沙滩松软宽广、砂质纯细、粗度均匀、色泽黄褐、海滩平缓,特点为沙细、滩缓、水清、潮平(图5-62)。

图5-62　海滨体验(李江敏、梁玥琳 摄,2016)

旅游价值：主要体现为阳光浴、海水浴、沙浴、滑沙、观鸟、沙雕。翡翠岛景观绝妙之处在于黄沙、绿林、碧海、蓝天的天然画卷。沙丘横看成岭侧成峰，宛如金龙卧沙滩，形成独特的海洋沙漠风光。除观赏奇特的海洋大沙漠风光外，还有滑、滚、飞、泳、捕、球等参与性项目：滑就是滑沙冲海浪，滚就是滚动太空球，飞就是飞行娱乐伞，泳就是海浴场游泳，捕就是旅游者用简单网具捕鱼，球就是沙滩排球、足球。此外还有野外烧烤、篝火野营等户外活动。

最令海滨游客印象深刻的体验就是"沙疗"，即埋沙疗法的简称。夏季气温很高，人们容易出现头昏、四肢酸痛、胸闷恶心、食欲不振等症状，通过沙疗可以调理身体的微循环。沙疗是目前国际健身治病潮流新疗法，也是我国国家级非物质文化遗产。

思考题

1. 基于现有产品开发状况，思考海滨度假可以开发哪些项目？
2. 思考景观资源与项目开发的协调性。
3. 根据本区域资源分布，思考旅游配套设施的合理布局。

六、线路六：古长城遗址保护开发教学线路

线路：基地—柳江国家地质公园—板厂峪景区—基地

本线路实习活动在抚宁区，途经柳江国家地质公园核心区柳江盆地地质博物馆。从实习站到板厂峪景区的车程约为2小时（图5-63）。

（一）柳江国家地质公园

柳江国家地质公园以柳江盆地的古生物化石、地层遗迹、岩溶地貌和花岗岩地质地貌为特色。柳江盆地包含了对追溯地质历史具有重大科学研究价值的典型层型剖面、生物化石组合带地层剖面、岩性岩相建造剖面及典型地质构造剖面和构造形迹，面积小而内容丰富，为国内罕见。其内三套地层及三大岩类分布广泛，均为自然露头，地层完整，界限清楚，岩类齐全，化石丰富，沉积构造发育，被公认为"天然地质博物馆"。其构造类型多种多样，不同规模的褶皱、

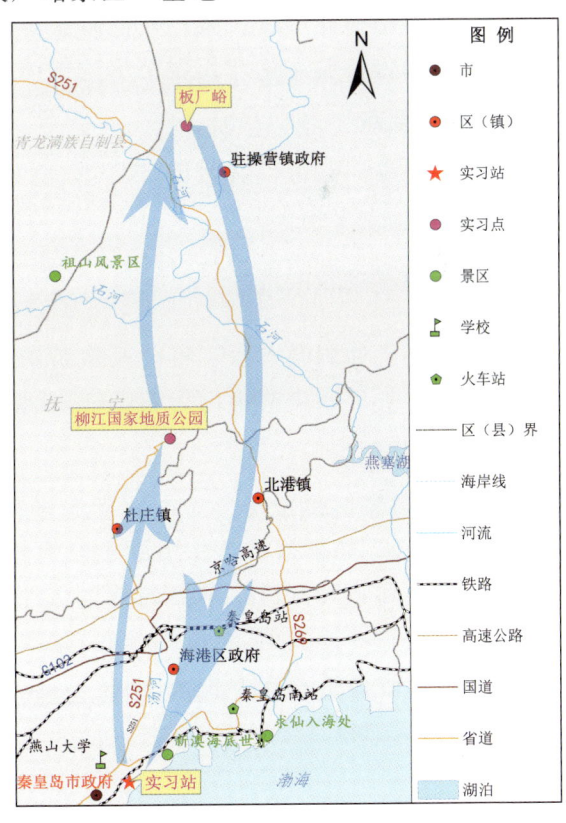

图5-63 实习线路六示意图

不同级别的断裂以及揉皱、牵引、裂隙、岩脉充填等宏观、微观构造发育,形迹清晰。多种类型的构造形迹对研究区域地壳运动发展史及其力学机制具有重要的意义,提供了一幅幅典型的构造图版。还有金属、非金属矿化点、矿点,岩溶作用形成的象鼻山、溶洞、天井、石崖、溶沟等,流水作用形成的离堆山、跌水、河流阶地等其他地质遗迹。国家地质公园内荟萃了众多的内生、外生矿床,但大多因规模小而不宜开采,却适于科普教学,其成因分析具有重要的地学意义。

距今25—16亿年间混合花岗岩构成了北戴河、山海关著名旅游区的地质背景;距今5.4—2.5亿年间古海洋中沉积的石灰岩形成了象鼻山、溶洞等华北罕见的岩溶地貌;距今2.5亿—6500万年间的中生代花岗岩山体高大雄伟,陡峭险峻,形成了山地旅游景观;现代海洋地质作用形成了我国最大的沿海沙丘和潟湖,形成了各种海蚀、海积地貌景观。是大自然的鬼斧神工,造就了秦皇岛"天开海岳"的惊世之美。

(二)板厂峪景区

1. 教学任务

(1)考察古长城及明长城砖窑遗址。
(2)考察石灰岩溶洞及其旅游功能。
(3)认识板厂峪火山岩的特征及成因。
(4)考察山林徒步及长城户外探险旅游产品设计与开发。
(5)了解古长城文化及长城军事防御体系。

2. 教学要点

(1)考察板厂峪古长城遗址,深入领会长城文化内涵与军事防御体系,提升民族自豪感与爱国主义情怀。
(2)考察明长城砖窑遗址,理解砖窑遗址选址的科学性及长城修建时期的历史文化。
(3)考察灵仙洞洞穴景观特征及旅游功能。
(4)观察板厂峪景区火山岩石特征,认识火山集块岩、火山凝灰岩并分析其成因。

3. 主要教学点

板厂峪风景区位于秦皇岛市北部海港区驻操营镇板厂峪村,距离市区29km,面积33km²。板厂峪坐落于燕山山脉东段南侧,属于省级风景名胜区,世界徒步协会健走基地,秦皇岛十大乡村旅游目的地。板厂峪山势险峻,长城绵延起伏,古长城遗迹保存完好,最高峰熊盖顶,海拔1085m,景区以"春花夏水,秋枫冬雪,晨观暮览,鸟瞰秦皇"著称。主要景点有古长城、明长城砖窑遗址、倒挂长城、火山口遗迹、九道缸瀑布、石简峡、天然禅寺等。

No.1 灵仙洞

描述: 位于景区西山脚下,是天然石灰岩溶洞。依山傍水,洞口朝阳、向东南,原名"北洞",因发掘过程中发现一块碑刻有"灵仙洞"而得名(图5-64)。

2006年10月被发现,主溶洞约130m,有分叉溶洞两条约80m,并有多个窝形悬洞。洞内最高处可达20m,内洞发育有大量的地质景观,进深约80m处有一个透天通气小孔,洞顶及两壁有大小不等的钟乳石。此外,还发现了大量的兽骨化石,还有石雷、石炮和铁质的箭头之类的古兵器部件,出土的斑鬣狗化石现于板厂峪景区长城博物馆展示。

图5-64 灵仙洞(李会琴 摄,2016)

成因背景:石灰岩溶洞,主要发育在中奥陶统马家沟组厚层灰岩中,但其附近还发育有中上石炭统碳酸盐地层,洞穴延伸方向空间上受北西向断层的控制。洞穴中次生化学沉积物以重力水沉积(钟乳石、石笋等)为主,非重力水沉积为辅。

该洞北部分布的流纹岩、凝灰岩和正长斑岩脉,一定程度上起隔水作用,地面水流经区内,多潜入地下,据初步的调查,地下可能有伏流,不过需要作进一步的调查及科学探测才能确定。

旅游价值:洞内观光、探险及科普价值。2003年至今,灵仙洞先后出土了世界上保存最为完整的斑鬣狗化石两具,头骨化石58个,同时发现30多种史前动物化石,据初步的研究分析,该洞内出土的动物化石时代至少在11 000年前,故考古意义较大。中国科学院古脊椎动物与古人类研究所的专家高星、金昌柱、刘金毅表示:化石出土的数量与规模可以说是"亚洲第一",就完整性而言可以说是"世界唯一"。而且"灵仙洞"的环境与北京周口店古人类遗址、南京小汤山古人类遗址极其相似,以后的发掘不排除有古人类活动的迹象。这些化石的发现,为研究史前动物灭绝提供了极具价值的依据。

No.2 板厂峪酒店

板厂峪酒店为单檐歇山顶三层仿古建筑,是板厂峪景区主要的游客接待地点。特色餐饮有:中华长城宴、烤全羊、柏叶饼、小鸡炖蘑菇等,酒店可容纳300人同时就餐。同时观察景区交通换乘、停车场、旅游厕所等设施的布局(图5-65)。

图5-65 板厂峪酒店(梁玥琳 摄,2016)及中华长城宴(板厂峪景区提供)

No.3 一线天

描述:位于从板厂峪酒店停车场到杨来楼的登山游步道上。由火山碎屑岩形成,高30余米,长20多米,宽不足1m,有的地方只有侧身才能通过。抬头向上看,直削的两面巨石夹着一道窄窄的缝隙,极目望去只能看到那一线的蓝天,故曰"一线天"。穿越其中,颇有"一夫当关,万夫莫开"的豪迈(图5-66)。

基岩及成因:成景岩石为火山集块岩。火山集块岩,由火山喷发作用形成,褐色到深绿色,可见明显的角砾,无分选(大小混杂),系火山喷发将地表岩石撕裂成大小不一的碎块,这些碎块再由溢出的岩浆凝结混杂在一起形成。一线天及板厂峪的火山集块岩,大致形成于侏罗纪—白垩纪的燕山运动(距今2.08—0.65亿年)时期。一线天的火山集块岩表面风化严重,并形成大小不一的蜂窝(凹坑)构造,这种风化作用叫作差异风化,这是由于火山集块岩中有的角砾(碎石)比凝

图5-66 一线天(板厂峪景区提供)

结角砾的基底更软,更容易风化,形成一个个角砾状的空洞。一般而言,火山集块岩距离火山口最近,火山碎屑越小,距离火山口越远,火山灰可远离火山口数百千米(图5-67)。

图 5-67 一线天的火山集块岩及其差异风化作用(唐嘉耀 摄,2016)

旅游价值:一线天、仙人桥等景观自然天成,增强游客体验性。

No.4 杨来楼、六眼楼

(1)杨来楼。

描述:初建于明万历年间,属于明晚期长城的一座敌台,原名西楼。1947年6月初六,板厂峪村农会主任杨来被国民党特务骗到此楼,后被残忍杀害,为了纪念这位英勇的烈士,被改名为杨来楼。2007年,全国长城普查定位为160号敌台,2014年4月重修,修旧如旧(图5-68)。

(2)六眼楼。

描述:因为对外防守的需要,开了6个射箭窗口,故称六眼楼(编号159号),在万里长城中极为罕见,目前只在北京八达岭水关、板厂峪等少数地方有建。六眼楼坐落的位置古称"长谷口",是一个对外贸易的通关口,有驻兵把守(图5-68)。

站在六眼楼之上,一边残垣断壁,一边雄伟壮观,回想当年兵戈铁马的厮杀,感悟当今和平经济的繁荣,无限遐想尽在其中。

图 5-68　杨来楼和六眼楼（板厂峪景区提供）

旅游功能：睹物追远，感受长城深远的历史文化；缅怀先烈，感受长城爱国主义情怀。

No.5　明长城遗址（六眼楼附近）

描述：位于杨来楼东，明晚期长城遗址，是戚继光负责所修长城，如今城墙已倒塌，烽火台主体建筑仍在，未进行修复，可感受原汁原味的明朝长城（图 5-69）。

长城文化：板厂峪长城长约 18km，敌楼 61 座，保存相对完好的有 30 多座，主要建设时期有北齐时代、明早期和明晚期 3 个时段，这段长城属于明晚期古长城。长城沿线有完整的挡马墙、梅花阵型陷马坑、壕沟、城墙等防御体系。

旅游功能：了解长城历史文化及军事防御体系；重访古长城，感受历史沧桑巨变，忆古、怀古。

No.6　明长城砖窑遗址及长城陈列室

（1）砖窑遗址群。

描述：位于板厂峪村北 300m 的高家地，自 2001 年发现以来，累计探明砖窑遗址 217 座，仅高家地一处探明砖窑 68 座，其余分布在东沟、西山和后堂，

图 5-69　明长城（李会琴 摄，2016）

是国家级重点保护文物。与长城砖窑群同时发现的还有灰窑 22 座、瓦窑 2 座、铁窑 10 座、采石场 1 处；兵器有石炮 5 门、石雷 70 枚、

铁铳 3 支、守城将士佩剑 4 把;工具有筑城用的铁臿儿 2 把、铁凿 3 把、铁剪 4 把。这些兵器和工具表明,我国明代已到了冷兵器和热兵器并用的时代。

窑顶距地面 25cm,顶部由胶土、碎砖等分层筑成,透过被局部揭开的窑顶,可见由厚重的青砖筑成的窑壁。遗址上有两座保存完好的砖窑(2 号窑和 4 号窑),占地约 300m²。这两座砖窑为马蹄窑,窑口直径为 5m,窑深 3.5m。里面保存着当时烧好的筑长城用的大砖头。砖窑里的砖长 34cm,宽 17cm,厚 9.5cm,重约 9kg(图 5-70)。

图 5-70 明长城砖窑遗址(李会琴 摄,2016)

(2)明长城陈列室。

描述:展馆面积 300m²,原为当年国家考古队发掘砖窑工作的地方,院内两边展台上摆放的是板厂峪地区挖掘收集的长城记事碑、石雷、石炮、异形长城砖,有的砖上还刻有文字,长城文字砖在长城沿线很是少见,科考价值极高。

展馆分东、中、西 3 个展厅。东厅:摆放的是花费数十年时间收集的明清时期民间用品,极其稀有。中厅:摆放的是斑鬣狗头骨化石模型 1 个,整只斑鬣狗化石模型 1 具和其他兽骨化石,是国家一级文物。它们生活在更新世晚期(史前 1—10 万年),而这个时期非常特殊,恰恰属于动物大绝灭的一个特定时期,根据这些化石,科研人员能够提取大量数据,为研究动物大灭绝提供各种信息。西厅:陈列的文物有各种长城防御兵器、异形长城砖、建造长城所用的工具。其中值得一提的是,在板厂峪明长城砖窑遗址出土的火铳,生产于隆庆三年(公元 1570 年),2008 年 11 月 30 日被中央电视台《寻宝》栏目评选为"秦皇岛民间地方国宝"。

1. 板厂峪村

板厂峪村位于河北省秦皇岛市抚宁县驻操营镇,是明代古长城脚下的一个小山村。板厂峪村有330户,1130人,大多是当年义乌籍守城士兵的后裔。景区内有"赵氏家居旧址"和"许氏家居旧址"。坡地上虽不见断壁残垣,但依稀可见石砌的地基旧址。赵氏家族和许氏家族都是在明隆庆二年,即1569年追随戚继光奉调来这里戍边的。赵氏家族的祖先来自山东大榆树,许氏家族的祖先来自浙江金华义乌。几百年来,赵氏家族和许氏家族的祖先们一直在这里筑长城,守长城,这里的山和山顶的敌楼也由此被称作赵家山、赵家楼和许家山、许家楼。清代以后,长城逐渐失去了军事防御作用,筑守长城的赵氏家族和许氏家族后裔就定居在这里。

2. 天然禅寺

天然禅寺是2011年在原基础上投资2000余万元复建完成的,共分3层大殿,分别是:天王殿、大雄宝殿、卧佛殿(图5-71)。

图5-71 天然禅寺(板厂峪景区提供)

天王殿是天然禅寺的第一重殿。殿内正中供奉着弥勒佛,左右供奉着四大天王(北方多闻天王、东方持国天王、南方增长天王、西方广目天王)佛像,背面供奉韦陀佛像,殿内周围墙壁上刻画着天兵天将。弥勒佛是中国大乘佛教八大菩萨之一,是释尊的继任者,被唯识学派奉为鼻祖,其庞大思想体系由无著菩萨、世亲菩萨阐释弘扬,深受中国大乘佛教大师支谦、道安和玄奘的推崇。弥勒佛以超世间的忍辱大行于世,正所谓:"大肚能容,容天下难容之事。笑口常开,笑天下可笑之人。"韦陀佛像为四天王座下三十二将之首,也是大家所熟悉的佛教护法神。中国佛教寺院中,韦陀佛像常位于最靠近寺院门口的四天王殿内,面向诸寺院,以守护伽蓝。其形象大多为身穿甲胄的雄壮武将,手持金刚杵,或以杵驻地,或双手合十,将杵搁于舟间。

第二层是大雄宝殿,它的左、右两侧为地藏殿和观音殿。进入大雄宝殿,正中侍奉着释迦牟尼佛像,旁边塑有两位比丘佛像,一老年,一中年,这是佛的两位弟子。右面这位年老的名叫"迦叶尊者",左面中年的叫"阿难尊者",释迦牟尼佛涅槃以后,迦叶尊者继领徒众,他们被称为"一佛两弟子"。释迦牟尼结跏趺坐,左手横置左足上,右手屈指作环形,名为"说法印",表示佛说法的姿势。他的左边是东方净琉璃世界的药师琉璃光佛,他结跏趺坐,左手持钵,表示甘露,右手持药丸。右边是西方极乐世界的阿弥陀佛,他结跏趺坐,双手叠置足上,掌中有一莲台,表示接引众生的意思。这三尊佛合起来叫"横三世佛"。大殿的两侧侍奉着十八罗汉,在释迦牟尼背后依次有文殊、观音、普贤菩萨佛像。观音菩萨左、右两侧为龙女和善财童子,她身后为善财童子五十三参故事雕塑。大殿上空墙壁上刻有释迦牟尼佛诞生、修行、成道、说法、成佛的事迹图。

第三层是卧佛殿,它的左侧有龙王殿,卧佛殿左、右两边为僧人的寮房。进入卧佛殿,首先看到释迦牟尼向右侧平卧的鎏金 4m 佛像,这是他进入涅槃的姿势,在他涅槃前嘱咐身边的弟子勤修佛法,因此卧佛殿为师傅们平时诵经的场地。

3. 石简峡

石简峡又名"亿年火山口",一排排方正的石头排列像古代的书简一样,故名石简峡,是典型的火山熔岩形成的景观。板厂峪古火山口是在 1 亿年前的侏罗纪晚期形成的。当时正值燕山造山运动时期,岩浆活动十分剧烈,这种柱状火山集块岩,是火山喉管内没有喷出的岩浆原地冷却形成的(图 5-72)。据介绍,世界上的火山口多为新生代和现代火山口,至于中生代的火山口非常罕见,"火山口的存在不是奇迹,但完整地保存了 1.1 亿年才是真正的奇迹"!

板厂峪随处可见火山熔岩、火山凝灰岩、火山角砾岩、火山集块岩等具有火山特征的岩石。且板厂峪火山口的岩石柱状节理发育,呈辐射状,向上收敛,向下散开,形象地记录了当时火山喷发的自然形态,展示出大自然的鬼斧神工。亿年火山口的发现,无论对于旅游还是地质学,都具有极高的价值。

4. 九道缸瀑布

九道缸瀑布位于景区的东北角,是秦皇岛五大瀑布之首,从头道缸到第九缸总落差为 126m,落差最大的就是第九缸(图 5-73),河水从火山熔岩、火山凝灰岩组成的陡壁处倾泻而下,形成一落差为 69m 的巨型瀑布。河水飞泻而下,常年河水不断的

图 5-72 石简峡(夏峰 摄,2016)

冲蚀掏空底部而形成潭,形状似缸,共九级,因此得名"九道缸"。

潭水清澈见底,碧绿如玉。瀑布在丰水期水流巨大,水声隆隆,形成 2～3m 宽的水帘,当你站在潭边向上仰望时,好像一条银链从天而降。瀑布奔腾而下激起的细密水珠,随风飘飞,漫天浮游,阳光透过水珠,形成一道彩虹藏匿在瀑布胸前的浅烟薄雾中,若隐若现。在蔚蓝天空的映衬下,如梦如幻地横跨在山光水色之间,洋溢着诗情画意。那震耳欲聋的磅礴气势,给人以极大的震撼感。

5. 板厂峪长城文化

板厂峪长城长约 18km,有敌楼 61 座,其中保存相对完好的有 30 多座。板厂峪,古称长谷口,明属蓟镇东区石门路,其东是董家口,西是义院口。据史料记载,天保六年(公元 555 年)即在

图 5-73 九道缸瀑布雄姿(鄢志武 摄,2016)

此修筑北齐长城,为石结构。后明洪武十四年(公元 1381 年),开国大将徐达主持修

建永平、界岭、山海三十二关,大部分为石结构。隆庆二年(公元1568年)戚继光任蓟镇总兵后,派中军门谭纶再次重修,在石筑长城的基础上加砖修复,并增修砖质敌楼50座。后又多次增修敌楼,加固或重修城墙。

敌楼又称敌台,多为高出墙体顶面的方柱形或贺柱形建筑,有空心和实心两种:实心楼就是一个平台,供瞭望射击;空心楼是戚继光主持修筑长城时所创造的,分为上、下两层,中部设有铺房,有的以阶梯相通,有的仅设木梯或软梯,下层可以遮风避雨,顶上可以瞭望、射击,铺房可以储备武器和粮食。

6. 板厂峪"长城六绝"(图5-74)

一绝:火山长城。板厂峪长城位于辽西走廊北侧,燕山山脉南缘,俯瞰平原大海。因其北侧有亿年火山口群,故大部分长城修筑在火山口上,因此有"火山长城"之称(图5-75)。

二绝:标本长城。南面的明早期长城,当地人称为"老边",是在洪武十四年(公元1381年)由大将徐达发动燕山等卫屯兵修建的。早期长城大多为毛石砌筑,所修长城多被中后期长城墙体所覆盖,此段长城因地势易攻难守,戚继光修复时向北平移2km,才得以保存。现存石结构城墙长5km,宽3m,高3~5m,上部有垛口墙,其间有实心敌台5座,2座完好,长、宽、高各10m,上有垛口、吐水槽。长城学会秘书长董耀会评价此段长城:这是徐达所修现存明早期长城的孤例,可以称为"明早期长城标本"。

三绝:倒挂长城。这段长城全为砖砌,保存基本完好,坡度近80°,抬头仰望像是从天而降,形如天梯倒挂,非常壮观。倒挂长城是长城中很少见的单片长城,万里长城是"世界七大奇迹"之一,倒挂长城堪称万里长城风光中的一绝(图5-76)。

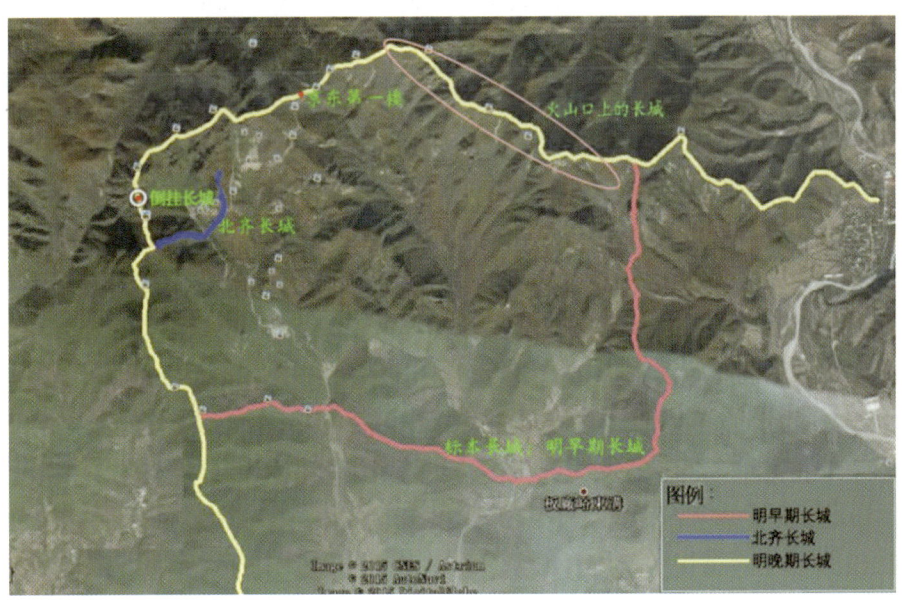

图5-74 板厂峪长城分布图(板厂峪景区提供)

图 5-75 火山长城

图 5-76 倒挂长城(板厂峪景区提供)

四绝:环线长城。由明早期、晚期长城,围成一个面积 5.39km² 的长方形环线长城,在国内绝无仅有!

五绝:北齐长城。在明早期、晚期长城中间还有一道长城,现存长 1000 余 m,宽 1.5m,高 1m,全部用毛石垒砌,用料、垒砌方法与明长城迥异,经考证该段长城修建于北齐天保六年(公元 555 年)。城墙虽然矮小,但历史价值极高。不同时期修建的长城有三重,由南向北依次是明早期长城、北齐长城、明晚期长城,如此布局,更是罕见至极!

六绝:京东第一楼。原名"大尖楼"(编号 163 号),为板厂峪长城制高点,海拔 880m,是北京以东最高敌楼,故名"京东第一楼"。凭楼远眺,山川、平原、乡村、都市、大海,尽收眼底,登楼方可体会诗人"会当凌绝顶,一览众山小"的壮志,及"无限风光在险峰"的感慨(图 5-77)。

图 5-77 京东第一楼(板厂峪景区提供)

7. 长城防御体系

长城在古代作为军事防御体系,不单单是长城墙体这么简单,完整的长城防御体系是由挡马墙、陷马坑、壕沟、障墙、支墙、长城墙体及烽火台、马面、炮台、敌楼等设施组成,因板厂峪过去交通闭塞,得以保存了完整的防御体系(图 5-78)。

挡马墙:敌军侵入第一道防线,现存宽 80cm、高 1m,长百余米的遗迹。

陷马坑:掘土为坑,以陷敌方人马。陷马坑为长 1m、宽 1m、深 1m,坑中埋铁蒺藜、竹签等,以草及细土覆其上。目前已经探明 460 余处,占地 8000m^2,以规模数量、完整度而言绝无仅有。

壕沟:距长城 5m 左右,用人工挖制,深 1.5m,宽 2m,也有依托险恶地势而形成的。

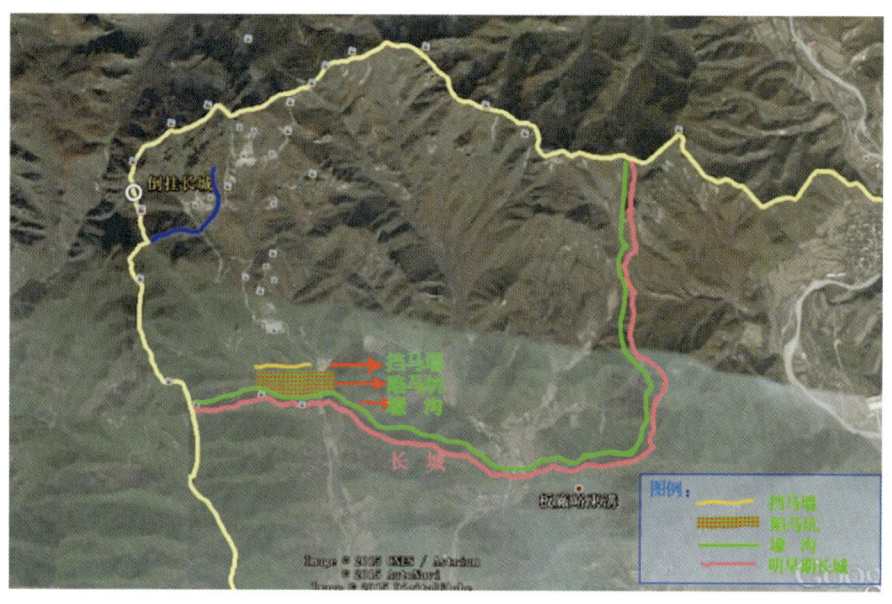

图 5-78 明长城防御体系(板厂峪景区提供)

长城外侧设有障墙、支墙,长城墙体及烽火台、马面、炮台、敌楼,是敌人入侵的最后一道防线。

万里长城犹如一条巨龙翻山越脊,在板厂峪充分展现了它的雄、险、奇、特。板厂峪长城敌楼之密集,砖窑群之众多,陷马坑群之庞大,瓦窑、灰窑、铁窑、石场、军火库、城堡、庙宇种类之齐全,为国内少见!

注意事项

(1)山林徒步需穿长袖、长裤,避免蜂虫叮咬。

(2)山路较长,路途较险,应穿舒适户外防滑运动鞋。

(3)避免雨天实习考察,如遇雨天需及时调整。

1.结合旅游地生命周期理论,分析板厂峪景区目前所处的阶段及当前开发中面临的主要问题是什么?

2.考察明长城砖窑遗址及长城修建处,思考古人如何实现砖块的搬运?

3.板长峪的长城有什么特点?如何对古长城进行合理地开发?

4.结合明长城的军事防御体系,体会古人智慧及长城军事战略地位。

第六章 旅游市场调研

一、旅游市场调查方法

旅游客源市场的调查方法有多种,每种方法各有利弊,最常用的方法主要有如下两种:

(一)一手资料法

旅游客源市场千变万化,游客的旅游动机、旅游偏好、旅游需求等受时间、地点、文化、事件等多种因素的影响而发生动态变化。旅游目的地或营销人员为掌握客源市场需求的变动情况,在已有信息不足或缺失的前提下,需要通过多种途径进行客源市场调研。

1. 访问法

访问法是指由调查者根据需要研究的问题拟订调查问卷,通过访问的方式向游客提出,要求游客给予答复,由此获取游客的旅游动机、行为、态度等方面的信息。该方法是客源市场调查最常用的方法。

访问法可以根据调查人员与被调查者接触与否,分为个人访问、电话访问、邮寄访问、网络访问等。

2. 访谈法

访谈法是指由访问员和受访者面对面的就某一个问题进行交流,访问员事先准备一个基本的访问大纲,在访问员的提问或引导下,由受访者自由给出自己的意见。该访谈方法能根据被访问者的答复收集客观的、不带偏见的事实资料,可避免问卷调查在题项设计过程中出现的误导和偏差。

访谈法既可以由访问员和受访者一对一进行,也可以开小型座谈会。

3. 观察法

观察法是指市场调查人员有目的、有计划地在自然条件下,通过感官或借助于一定的科学仪器,对社会生活中人们行为的各种资料进行搜集。如在旅游纪念品商店、旅游娱乐场所、饭店、景区等旅游企业中,市场调研人员可以假扮成游客,成为"神秘顾客",仔细观察顾客的行为和需求,感知市场反应。观察一般利用视觉、听觉等感官器官去感受游客的行为,但因感官有一定的局限性,现在多借助现代的科学仪器,如摄影机、照相机等来辅助观察,即使用摄像机等仪器将游客行为拍摄下来,利用符号学、内容分析等方法对游客行为进行分析,找出游客的行为规律,分析游客的心理需求。

观察法所观察到的是自然状态下的市场现象,保证了观察结果的客观性。观察者深入到现场观察,不仅可以了解现象发生的全过程,还可以身临其境地感受市场的真实反映。观察法可以获得一手真实的资料信息,但不适于大范围的调查,仅限于某店、某景区小范围的调研。实习过程中鼓励学生观察景区的游客行为,思考、分析游客的心理需求,从而更清晰地认知市场反应。

(二)二手资料法

调研人员通过访问、观察法收集客源市场的一手资料,固然十分真实可靠,但一手资料的获取需要花费一定的时间、财力,未必能满足实习即时的信息需求。因此,客源市场的调查首先应从企业或组织保存的二手信息入手,如果二手信息不能满足需要,就需要根据实际的问题设计问卷或现场观察进行一手信息的调查。二手资料包括以下几种信息。

1. 组织或企业内部的信息资料

旅游企业,如酒店、旅行社、景区,保存了大量的客户信息。现在的客户信息多以电子数据的形式出现,调查者很容易获取和分析。

2. 公共信息

国家旅游局、各省(市)旅游局及相关数据统计机构会定期或不定期发布关于全国或地方旅游市场、游客消费需求及行为的统计信息,这些公开的数据信息可以帮助学生了解客源市场动向。

(三)实习区游客市场调查

实习中,为了解秦皇岛市客源市场基本特征,需要进行一手资料的收集,通常采用访问法。即实习小组在秦皇岛客流密集的区域发放调查问卷,通过与游客的访谈获取第一手资料。问卷发放区域可选在石塘路市场、鸽子窝海滨、新澳海底世界、山海关、秦皇求仙入海处等地。同时,实习学生可通过访问秦皇岛旅游官方网站(http://www.qhdta.gov.cn)、秦皇岛智慧旅游门户网站(http://www.iuqhd.com)等,收集相关旅游市场的统计数据,更好地了解秦皇岛旅游市场特征。

二、问卷设计、问卷调查与市场分析

(一)问卷设计

1. 问卷设计步骤

(1)找出问题,制订目标。问卷设计的第一步是首先理清调研需要解决的问题,即调研是为了解决什么问题,如旅游者的特征、动机、满意水平、旅游花费、旅游流向等。问题明晰之后,制订调研需要达成的目标,即通过此次调研活动,掌握或了解当前客源市场的何种规律或特征。北戴河旅游实习的游客调查是一个简单的游客市场来源及游客印象调查,其目的是通过游客市场调查基本了解秦皇岛游客的客源地、基本花费和对秦皇岛的旅游印象等。

(2)确定问题的内容。为达到上述的目标,需设计问题、题项来分解目标。实习中需了解秦皇岛旅游市场的总体特征,设置游客来源、旅游目的、旅游消费水平、停留时间、组团形式、游客旅游印象评价等问题。

(3)确定问题的类型。问卷中问题的类型一般有两种:

一种是封闭式问题,如①二分问题,即回答是/否;②多项选择题,即将所有的答案列出,让受访者从中选择。多项选择题中的一种是量表式,最常用的是李克特量表(1~5,1~7,1~10)。如:您对本地城镇卫生印象(　　) A.好　　B.较好　　C.一般　　D.较差　　E.差。该问题采用的就是李克特1~5的量表。

另一种是开放式问题。即列出问题,不给受访者任何选项,由受访者自由书写完成。或采用填空方式,给出部分内容,关键部分由受访者填写。如:请您用四个词语来形容您的此次秦皇岛之行_____、_____、_____、_____。

(4)确定问题的词句表达。问卷中的问题如果表达的意思不清,受访者理解出现歧义,会影响最后的调研结果。因此,问卷问题的词句表达意义重大,要清晰、准确无误地表达、解释。

(5)确定问题的顺序。问卷中的题目设计好后,需要根据其中的逻辑关系进行排序,以便受访者在填写问卷时能依据其中的逻辑关系理解相关问题。问卷中关于个人信息的调研,如年龄、性别、职业、收入等,一般都列在调研问卷的最后一部分,除非这些个人信息是主要变量,可将其调整至问卷的最前面。

(6)问卷的试答。问卷设计好之后,一般情况下为保证大规模调研的准确结果,调研人员会在此之前在小范围内进行一个问卷前测,即预调研,让受访者填写问卷,询问其填写过程中有没有理解不清的问题,并对填写的问卷进行相关的统计分析,进一步检测相关变量之间是否存在因果关系。如果前测调研统计中有些变量统计效果不明显或词句表达产生了歧义,此时可以对问卷进行修订。

2. 问卷设计的注意事项

(1)所提问题尽量保持中立,不要出现明显的倾向性。问题题意清晰,简明扼要,保证不同文化程度的受访者都可以看懂,且不产生歧义。

(2)问卷调查过程中要向受访者明确保护受访者隐私、自主自愿及匿名填写的原则,并在实际操作过程中确保受访者的个人隐私。

(二)问卷调查

1. 确定受访者的总人数

问卷设计完成之后,在进入实际调研前,要确定此次调研受访者的总人数,即确定调研的样本总数。一般而言,样本数量越大越好,调查范围越广,获得的信息越丰富,分析的结果越能反映市场的本质特征。但因时间、财力等方面的限制,进行大范围的样本调查一般很难实现。完成基本的市场认识,调研问卷的数量应保持在200~500份。实习中,根据实习时间、人员分工,由带队教师确定每组需完成的问卷调研份数。

2. 确定抽样方法

样本总量确定以后,还需确定抽样的方法。一般而言,根据抽选样本的方法,抽样调查可以分为非概率抽样和概率抽样两类。非概率抽样不是按照等概率原则,而是根据人们的主观经验或其他条件来抽取样本,常用于探索性研究。概率抽样是根据随机原则来抽选样本,并从数量上对总体的某些特征做出估计推断,对可能出现的误差从概率意义上加以控制。

1)非概率抽样

(1)偶遇抽样。常见的未经许可的街头随访或拦截式访问、邮寄式调查、杂志内问卷调查等都属于偶遇抽样的方式。实习中旅游客源市场调查多采用此种方法,比如景区随机访谈。

(2)判断抽样。基于调研者对总体的了解和经验,从总体中抽选有代表性的单位作为样本。如调研已婚且育有孩子的家庭对海滨旅游的满意水平和影响因素。

(3)配额抽样。先将总体元素按某些控制的指标或特性分类,然后按方便抽样或判断抽样选取样本元素。

(4)滚雪球抽样。先随机选择一些被访者并对其实施访问,再请他们提供另外一些属于所研究目标总体的调查对象,根据所形成的线索选择此后的调查对象。第一批被访者是采用概率抽样得来的,之后的被访者都属于非概率抽样,此类被访者彼此之间较为相似。

2)概率抽样

概率抽样又称随机抽样,指在总体中排除人的主观因素,给予每一个体一定的抽取机会的抽样。

(1)简单抽样。即简单随机抽样,指保证大小为n的每个可能的样本都有相同的被抽中的概率。

(2)系统抽样。将总体中的各单元先按一定顺序排列,并编号,然后按照不一定的规则抽样。其中最常采用的是等距离抽样,即根据总体单位数和样本单位计算出抽样距离(即相同的间隔),然后按相同的距离或间隔抽选样本单位。

(3)分层抽样。把调查总体分为同质的、互不交叉的层(或类型),然后在各层(或类型)中独立抽取样本。例如:调查零售店时,按照其规模大小或库存额大小分层,然后在每层中按简单随机方法抽取大型零售店若干、中型若干、小型若干;调查城市时,按城市总人口或工业生产额分出超大型城市、中型城市、小型城市等,再抽出具体的各类型城市若干。

(4)整群抽样。先将调查总体分为群,然后从中抽取群,对被抽中群的全部单元进行调查。

(5)多级抽样。也叫多阶段抽样或阶段抽样,以二级抽样为例,二级抽样就是先将总体分组,然后在第一级和第二级中分别随机地抽取部分一级单位和部分二级单位。例如:以全国性调查为例,当抽样单元为各级行政单位时,按社会发展水平分层后(或按经济发展水平,或按地理位置分层),从每层中先抽几个地区,再从抽中的地区抽市、县、村,最后再抽至户或个人。

(6)抽中概率与规模成比例抽样(PPS)。是不等概率中最常用的一种方法,指在总体中参照各单位的规模进行抽样,规模大的被抽取的机会大,总体中每个个体被抽中的概率与该个体的规模成正比的抽样。

北戴河游客调查是非概率抽样中的偶遇抽样,即在景区随机拦访游客,不会对游客的性别、年龄等进行特别的规定,只要完成基本的调研工作即可。但随着实习工作的日益完善和成熟,可以针对特殊游客市场采用其他抽样方法进行调研。

3. 确定访问方式

问卷调查访问的方式一般有如下几种。

(1)街头拦访。此种方法就是调研人员在街头随机拦住过往的游客进行随机访问。因为是街头随机访问,该问卷中的题项应该简单易答,且数量不能太多。

(2)邮寄调查。邮寄调查问卷给受访者,受访者在填写了问卷之后,再邮寄回调查人。目前的电子邮件、网络调查大多属于此种。该调研方法保证受访者有充足的时间填写问卷,但需要受访者主动填写,响应率低。

(3)入户调查。如果问卷题项数量多,需要受访者花费一定的时间完成,可采用入户调查的方法,但花费的时间也应有计划,不能太长。

(4)电话调查。电话调查容易激起受访者的反感,一般很难收到回复。

北戴河游客调查一般采用的是街头拦访的方法,由学生在景区随机访问游客。其他3种方法很少使用。

4. 实地调研的组织工作

(1)调研人员的招募和培训:由带队教师对学生进行问卷调查培训。采用分组方式,每组以5~7人为宜,并且男女生要搭配分组,组长负责本组调研的联络、安全及组织工作。

(2)调研地点和路线的选择:选择客流集中的典型旅游景区及游客密集的市区、酒店等场所。

(3)调研中所需的材料和奖品的准备工作:实习中每组成员积极配合,对问卷进行编号,带好所需问卷,也可配置一些小礼品作为调研回报。

(4)调研工作进展的监控:调研过程中,小组长负责向带队教师汇报问卷调研工作,包括调研地点、调研份数及调研成果。

5. 确定整个研究的时间安排和调查预算

旅游客源市场的调研活动一般选择在旅游旺季,此时游客人数多,容易找到符合条件的受访者。北戴河旅游实习一般在暑期进行,正值秦皇岛旅游旺季,景区内游客如织,可保证调研活动的顺利进行。调研活动之前的一系列准备工作,如问卷的设计、调研地点的选择、学生的培训以及相关资料的准备工作都应该在旅游实习之前准备完毕。客源市场调研完成之后,需要对问卷进行信息分析,并完成调研报告的撰写。

调研活动需要花费一定的费用,主要集中于人员费用、材料费用、奖品费用以及支持调研活动所需的其他费用。因此,在调研活动开展之前,每组应根据调研的规模和时间,仔细核算调研所需费用,做好预算,保证调研活动的顺利开展。

6. 问卷调查应注意的问题

(1)调查人员态度一定要好,不能有过激的行为和言行。

(2)必要时对有些难以明白的问题,调查人员要给予适当的讲解。

(三)问卷分析

1. 信息分析

市场调研完成之后,学生根据问卷回收的情况对全部问卷做甄选,将不符合要求的问卷剔除。因此,调研报告中就需要报告回收问卷数量和合格问卷数量。

学生将合格的问卷进行编号,将其中涉及的各变量命名,然后按问卷编号顺序将调研问卷中各变量的信息输入相关的统计工具。目前在客源市场分析中一般采用SPSS、Excel等统计分析工具。输入完成之后,就可以利用统计分析工具输出相应的统计结果。

2. 客源市场调查研究报告

分析完成之后,学生需根据统计分析的结果,得出调研活动的结论,给出相应的策略建议,并提交客源市场调研报告。

旅游市场调研报告一般由如下几部分组成。

(1)调研说明:问卷调研的时间、人员、份数、调研方式、调研地点等。

(2)旅游市场客源分布。

(3)游客旅游行为:旅游目的、旅游偏好、旅游方式、旅游消费等。

(4)游客满意度:旅游产品质量、景区环境、旅游服务、餐饮等。

(5)游客基本信息:年龄、职业、收入、家庭组成、受教育程度等。

(6)问题和建议。

第七章 旅游产品开发及精华线路设计

一、旅游产品设计概述

旅游产品开发是根据市场需求,对旅游资源、旅游设施、旅游人力资源及旅游景点等进行规划、设计、开发和组合的活动。由于旅游产品的生命周期客观存在,为保持旅游企业的可持续发展,应有处于成熟期的一代旅游产品,也有处于成长阶段的一代产品,同时还有正在开发中的一代产品,只有这样才能保持旅游企业的可持续发展。因此,企业应该未雨绸缪,及时分析外部环境,预测旅游产品的生命周期,具有前瞻性地适时进行旅游产品的开发。

旅游新产品的开发,主要包括两个方面的内容:一是对旅游地的规划和开发,二是对旅游线路的设计和组合。

(一)旅游地开发

旅游地是旅游产品的地域载体,是游客的目的地。旅游地开发是在一定地域空间上开展旅游吸引物建设,使之与其他相关旅游条件有机结合,成为旅游者停留、活动的目的地。旅游地开发通常分为5种形式。

1. 以自然景观为主的开发

以保持自然风貌的原状为主,主要进行道路、食宿、娱乐等配套设施建设,以及环境绿化、景观保护等。如一个地区的特殊的地貌、生物群落、生态特征都是可供开发的旅游资源。自然景观只要有特点就可以,不必非要具备良好的生态环境,比如沙漠、戈壁开发好了都是值得一游的旅游吸引地。但是自然景观式景点的开发必须以严格保持自然景观原有面貌为前提,并控制景点的建设量和建设密度,自然景观内的基础设施和人造景点应与自然环境协调一致。

2. 以人文景观为主的开发

主要对残缺的文化历史古迹进行维护、恢复和整理。如对具有重要历史文化价值的古迹、遗址、园林、建筑等,运用现代建设手段,对之进行维护、修缮、复原、重建等工作,其恢复原貌后,就具备了旅游功能,成为旅游吸引物。但是人文景观的开发一定要以史料为依据,以遗址为基础,切忌凭空杜撰。人文景观的开发一般需要较大的投资和较高的技术。

3. 在原有资源和基础上的创新开发

主要是利用原有资源和开发基础的优势,进一步扩大和新添旅游活动内容和项目,以达到丰富特色、提高吸引力的目的。比如在湖滨自然景观旅游中,增添一些水上运动项目,诸如飞行伞、划艇、滑水等项目,不仅未破坏原有景观,还可以和原有的湖光山色相映成趣,成为新的风景点。

4. 非商品性旅游资源开发

地方性的民风、民俗、文化艺术等,它们虽然是旅游资源但还不是旅游商品,本身并不是为旅游而产生,也不仅仅为旅游服务。这类旅游资源的开发,涉及到的部门和人员较多,需要进行广泛的横向合作,与有关部门共同挖掘、整理、改造、加工和组织经营,在此基础上开发成各种旅游产品。应该引起开发者注意的是,这些地区一旦成为旅游目的地,大量游客进入景点后,会改变原地居民的生活方式和习俗,同时游客带来的外来文化,会对当地的文化生态造成较大的污染。

5. 利用现代科学技术成果进行旅游开发

运用现代科学技术取得的一系列成就,经过开发者精心构思和设计,再创造出颇具特色的旅游活动项目,如"迪斯尼乐园""未来世界"。现代科技以其新颖、奇幻的特点,融娱乐、游艺、刺激于一体,大大开拓和丰富了旅游活动的内容与形式。

(二)旅游线路开发

旅游线路是旅游产品的具体表现方式,也是对单个旅游产品进行组合的具体方式,是旅游地向外销售的具体形式。旅游线路开发是把旅游资源、旅游吸引物、旅游设施和旅游服务按不同目标游客的需求特点进行特定组合。在旅游线路的组合中,单项旅游产品只是其中的一个组件,开发者并不对单项旅游产品进行实质性的改动,而是考虑不同游客的需求特点、支付能力以进行相应的搭配。如秦皇岛3日游和秦皇岛5日游,后者是在前者的基础上,增加一些景点和旅游服务项目,如果再适度调整秦皇岛5日游的交通、餐饮和住宿的档次,那么就有了秦皇岛5日标准游和豪华游的旅游产品。把秦皇岛游视为一条旅游产品线,并在这一产品线保持秦皇岛这一旅游目的地不变的前提下,调整该线路的不同旅游产品要素以形成不同的旅游品种,满足不同类型的消费者需要,如双飞5日游、火车5日游、秦皇岛潜水5日游等不同品种。因此,旅游线路开发实质上是根据不同目标市场游客的需求特点对旅游产品进行组合搭配。

1. 按旅游线路的性质分类

分为普通观光旅游线路和特种专项旅游线路两大类,当然也可以是二者结合的混合旅游线路,比如在度假旅游中加入观光。

2. 按旅游线路的游程天数分类

可分为一日游路线与多日游路线。

3. 按旅游线路中主要交通工具分类

可分为航海旅游线路、航空旅游线路、内河大湖旅游线路、铁路旅游线路、汽车旅游线路、摩托车旅游线路、自驾车旅游线路、自行车旅游线路、徒步旅游线路，以及几种交通工具混合使用的综合型旅游线路等。

4. 按使用对象的不同性质分类

可分为包价团体旅游线路、自选散客旅游线路、家庭旅游线路等。

(三)旅游线路设计原则

在旅游产品开发环节中，特别是旅游线路设计组合的过程中，首先要对市场需求、市场环境、投资风险、价格政策等诸多因素进行深入分析，产生一系列的旅游线路设计方案和规划项目，从中选择既符合市场旅游者需要的又符合目的地特点的线路。为此，旅游线路设计过程中必须遵循以下原则。

1. 市场观念原则

旅游线路的设计开发必须从资源导向转换到市场导向，牢固树立市场观念，把旅游市场需求作为旅游线路设计的出发点。树立市场观念，一要根据社会经济发展及对外开放的实际状况，进行旅游市场定位，确定客源市场的主体和重点，明确旅游线路设计的针对性，提高旅游经济效益。二要根据市场定位，调查和分析市场需求和供给，把握目标市场的需求特点、规模、档次、水平及变化规律和趋势，从而形成适销对路的旅游线路产品。三要针对市场需求，对各类旅游产品进行筛选，进行加工或再创造，然后设计、开发和组合成具有竞争力的旅游线路产品，并推向市场。总之，树立市场观念，以市场为导向，才能使旅游线路的设计有据有序，重点突出，确保旅游线路的生命力经久不衰。

2. 效益观念原则

旅游业作为一项经济产业，在其开发过程中必须始终把提高经济效益作为主要目标，还要兼顾旅游的社会效益与环境效益，谋求综合效益的提高。

3. 树立线路产品形象原则

旅游线路的设计是一种特殊商品设计，以旅游资源为基础，对构成旅游活动的食、住、行、游、购、娱等各种要素进行有机组合，并按照客源市场需求而设计组合的产品。因此，拥有旅游资源并不等于就拥有好的旅游线路，而旅游资源要开发成旅游产品形成旅游线路，还必须根据市场需求进行开发、加工和再创造，从而组合成适销对路的旅游产品，设计出成功的旅游线路。

首先，要以市场为导向，根据客源市场的需求特点及变化，进行旅游线路的设计。

其次,要以旅游资源为基础,把线路中的各个要素有机结合起来,进行旅游线路的设计和开发,特别是要注意在旅游线路设计中注入文化因素,增强旅游线路的吸引力。再次,要树立好的产品形象,充分考虑旅游线路中的品位、质量及规模,突出每条旅游线路的特色,努力开发具有影响力的拳头产品和线路。最后,要随时跟踪分析和预测旅游线路的市场生命周期,根据不同时期旅游市场的变化和旅游需求,及时开发和设计适销对路的旅游新线路,不断改造和完善旅游老线路,从而保持持续发展。

(四)旅游线路设计策略

旅游线路开发以最有效地利用资源,最大限度地满足旅游者需求和最有利于企业竞争为指导,具有以下几种组合策略。

1. 全线全面型组合策略

即旅游企业经营多条旅游产品线,推向多个不同的市场。如旅行社经营观光旅游、度假旅游、购物旅游、会议旅游等多种产品,并以欧美、日本、东南亚等多个旅游市场为目标市场。企业采取这种组合策略,可以满足不同市场的需要,扩大市场份额,但经营成本较高,需要企业具备较强的实力。

2. 市场专业型组合策略

即向某一特定的目标市场提供其所需要的旅游线路。如专门为日本市场提供观光、寻踪、考古、购物等多种旅游线路;或针对青年游客市场,根据其特点开发探险、新婚、修学等适合青年口味的旅游线路;或针对老年游客市场,开发观光、怀旧、度假、养老旅游线路等。这种策略有利于旅游企业集中力量对特定的目标市场进行调研,充分了解其各种需求,开发满足这些需求的多样化、多层次的旅游产品。但由于目标市场单一,市场规模有限,企业产品的销售量也受到限制,所以在整个旅游市场中所占份额较少。

3. 产品专业型组合策略

即只经营一种类型的旅游产品和线路来满足多个目标市场的同一类需求。如旅游企业开发观光旅游产品推向欧美、日本、东南亚等市场。因为产品线单一,所以旅游企业经营成本较少,易于管理,可集中企业资金开发和不断完善某一种产品,进行产品的深度加工,树立鲜明的企业形象。但采取这种策略使企业产品类型单一,增大了旅游企业的经营风险。

4. 特殊产品专业型组合策略

即针对不同目标市场的需求提供不同的旅游线路产品。如秦皇岛的一些旅游企业对欧美市场提供观光度假旅游线路,对日本市场提供禅修旅游线路,对东南亚市场提供寻根问祖旅游线路;或者经营探险旅游满足青年市场的需要,经营休闲度假旅游满足老年市场的需要等。这种策略能使旅游企业有针对性地开发不同的目标市场,使线路产品适销对路。但企业采取此种策略需要进行周密的调查研究,投资较大,成本较高。

(五)旅游新线路的开发程序

旅游新线路的开发要经历一个漫长的过程,从产生创意到试制成功、投放市场整个过程可分为7个步骤。

1. 产生创意

围绕企业长期的发展战略和市场定位,来确定新产品和新线路开发的重点,确定旅游新线路的创意和构思。其来源有以下几个方面。

(1)游客。游客的需求是旅游新线路开发的原始推动力,企业可以通过对游客进行调查,收集游客对旅游新产品的创意建议,然后进行整理和筛选,捕捉有价值的创意。

(2)旅游业的从业人员。旅游业的产业人员,包括旅游产品的销售人员、导游,处于旅游第一线,与游客和竞争者接触密切,最了解游客的需求,最可能提出旅游线路的创意。

(3)竞争者。企业可以通过分析其他竞争企业的产品的成功与不足之处,进行改良和强化,这就是不错的新品开发思路。

(4)旅游科研和策划机构。处于新产品开发第一线,对旅游产品见多识广,加上一定的理论功底和职业素养,对旅游业的发展颇具前瞻性,应重视他们的创意。

(5)旅游企业的高层管理人员。

2. 创意筛选

收集到若干旅游新产品的创意后,应根据企业自身的战略发展目标和拥有的资源条件对新产品进行评审和选择并设计新的旅游线路。

3. 旅游产品概念的发展与测试

将经过筛选后的构思转变为具体的旅游产品和线路概念。如果构思提供了产品开发的一个思路,那么产品概念则是这种思路的具体化。比如针对大城市中的少年儿童对农作物和农业的陌生,可以围绕北戴河集发生态农业观光园开展以"农村、农业、农事"为主题的旅游创意,进而围绕这一创意开发具体的景点和旅游线路。

4. 商业分析

在拟定出旅游新线路的概念和营销策略方案后,需要对项目进行商业分析。可以从以下几个方面进行。

(1)投资分析。包括新产品所需的投资总额测算,规划资金的来源以及投资回收方式和回收年限。

(2)销售预测。需要确定新线路的旅游目的地,各旅游目的地最乐观的销售量和最悲观的销售量,同时还需进行新线路的生命周期各阶段的预测,尤其是导入期所需的时间。对于一个从业多年的旅游企业来说,可以将类似旅游线路销售额的历史资料作为参考。

(3)进行新线路的量本利分析。在预测出旅游产品各时间段的销售额的基础上,进一步测算新线路产品的成本和价格,并据此计算出新产品的损益平衡点,以及实现损益平衡的大致时间,预测在各阶段的盈亏情况。

在确保旅游新线路经济上可行以后,才能进入具体开发阶段。

5. 线路开发

线路开发阶段是旅游新产品开发计划的实施阶段,大量的资金投入从实质性开发阶段开始,包括旅游产品具体项目设施的建设、基础设施的建设、员工的招聘和培训,以及与原有旅游项目的利用和整合。

6. 线路产品的试销

当新的线路产品的开发已初具规模,具备一定的接待能力时,不必完全落成,可以利用已有的服务项目,组建成一定的旅游线路组合,选择一些典型的目标客源市场进行试销。为减少不完善的负面影响,可以邀请一些专家和业内人士提前试用,收集其亲历的感受,整理其意见和建议,适当对旅游线路进行完善,再小范围、小规模地向普通游客试销产品,以进行改进。

7. 正式上市

通过旅游线路产品的试销,企业可以获得新产品上市的试点经验,以帮助进行上市的决策。在新产品正式上市之前,企业需要对旅游新产品上市的时间、上市的地点、预期旅游客源地和目标游客以及导入市场的策略进行决策。

(1)时间决策。对于季节性较强的旅游产品,最好选择由淡转旺的季节上市,这样能使新线路的销售量呈上升趋势。但也该避免在旅游旺季上市,因为毕竟不完善,如果游客大量涌入会使企业因经验不足而应接不暇,因此最好有一个从少到多的适应和完善的过程。

(2)地点决策。企业需要确定推出旅游新产品的客源地。各地的经济收入水平不同,消费特点不同,对新的线路的接受也会表现出较大的差异。因此应对不同市场的吸引力做出客观的评价。评价的指标有:市场潜力、企业在当地的声望、产品的分销成本、对其他市场的影响力以及市场竞争的激烈程度等。企业可根据有关数据来选择主要的市场,并制订新线路的地区扩展计划。最好选择那些政治、经济、文化中心城市推出新线路产品,这样可对周边市场也产生较大的辐射影响。

(3)上市的目标游客决策。在新线路的市场开拓中,企业应将销售和促销的重点集中于最佳的潜在游客群。最佳的潜在游客群应具备以下特征:愿意最早体验新线路;对新线路持肯定和赞赏态度;乐于传播信息;对周围的消费者有较大的影响;购买量较大。在这样的目标市场上,企业容易较快地获得高销售额,并有利于调动销售人员的积极性,也能较快地渗透整个市场。

二、秦皇岛精品旅游线路

(一)旅游线路设计的内容

1. 确定线路名称

旅游线路名称的确定应考虑多方面的因素,并力求体现简约、突出主题、时代感强、富有吸引力等原则,如"秦皇岛海洋文化体验线路"这一线路名称表达了主要面向热爱自然、钟爱海洋文化的人群,满足他们与大海零距离接触的愿望,实现玩海水、观海景、吃海鲜的旅游线路。

2. 策划旅游线路

从形式上看,旅游线路是以一定的交通方式将线路各节点进行合理的连接。节点是构成旅游线路的基本空间单元,一个线路节点通常会成为一个有特色的旅游目的地。一般来说,同一条旅游线路中的各节点,都有相同或相似的特点,用于满足旅游者的同一需求并服从于某一旅游主题。节点可以是城市,也可以是独立的风景名胜区。线路的始端是第一个旅游目的地,是该线路的第一个节点,终端是线路的最后一个节点,是旅游活动的终结或整个线路的最高潮部分,而途经地则是线路中除始端和终端外的其他节点,是为了主题服务的旅游目的地。

安排旅游线路一方面是对符合主题特色的节点城市或风景区的选择,另一方面是对节点游览顺序的安排,应以时间最短、费用最少、交通便利、合理搭配为原则进行全面考察,综合平衡,合理选择。

3. 计划活动日程

活动日程是指旅游线路中具体的旅游项目内容、地点及各项活动进行的日期,应体现劳逸结合、丰富多彩、节奏感强、高潮迭起的原则。

4. 选择交通方式

交通方式的选择要体现"安全、舒适、经济、快捷、高效"的原则。首先要了解各种交通方式的游览效果,依次顺序为直升机、水翼船、汽车、火车、海船、客机;其次要了解各种交通工具的适用旅程,其中直升机、汽车、水翼船适宜短途旅游,火车、轮船适合中程旅游,客机、海上游轮适于长途旅游;最后要了解国内外交通现状,如类型、分布、形式、网络等。在具体选择交通工具时要注意多利用飞机,尽量减少旅途时间;少用长途火车,以避免游客疲劳;合理使用短途火车,选择设备好、直达目的地、尽量不用餐的车次;用汽车作短途交通工具,机动灵活。总之,要综合利用各种交通方式与工具,扬长避短,合理衔接。

5. 安排住宿餐饮

吃、住是使旅游活动得以顺利进行的保证,应遵循经济实惠、环境优雅、交通便利、物美价廉、有特色等原则进行合理安排,并注意安排体现地方或民族特色的风味餐。

6. 留出购物时间

购物通常在游客总花费中占据30%左右。要遵循时间合理、能满足大部分游客的需要,不重复、不单调、不紧张、不疲惫的原则适当安排。

7. 筹划娱乐活动

娱乐活动要丰富多彩,雅俗共赏,健康文明,体现民族文化的主旋律和文化交流的目的。

(二)秦皇岛经典旅游线路设计案例

设计经典线路是综合考虑旅游地各种资源,针对某个市场,凸显某个主题,进行产品的整合设计。可策划一日游、二日游、三日游、四日游等观光和度假产品。以下给出一些示范,可依据上述产品设计理论进行更多思考和创作。

1. 北戴河浪漫休闲一日游

此主题针对家庭或者情侣,在海边酒店的度假休闲。整个设计围绕轻松、浪漫、自在、唯美进行。

D1:观海上日出。早上可早起步行至海边观日出。太阳要出来了,你可以看见在那层青色云带的一处,慢慢地弯了一个小小的弧,刚开始的时候,这弧还不容易察觉,渐渐的那弧越来越清晰,弧周围也越来越亮,慢慢的,就在那弯弯的弧中心,露出了红红的太阳的一点,红得晶莹剔透,却没有光,它一点一点从里面拱出,像个胆小的孩子,从云后探出自己的脸。到最后,它终于完全地跳出了青色的云层,像一个巨大的宝石,活灵活现地镶挂在那里,一刹那间,这个深红的东西,忽然变白变亮了,发出了耀眼的光芒,射得你眼睛发痛,整个天空所有的云朵,也在瞬间绚烂!这个时候的大海,像洒上金粉,波光闪闪,就在初升的太阳下面,是一条灿烂的金黄的带子,一直延伸到你脚边,这丝带灿烂的炫目,让你震撼!

赠送浪漫双人骑,免费骑行两小时。与亲密的爱人或亲人沿美丽的海岸线骑行,领略大海的神韵,穿梭在美丽的异域建筑,欣赏不一样的海滨美景,让沉浸在爱河中的情侣们同车兜风,一起锻炼,分享彼此的快乐,可增进双方的感情交流。

海边放风筝。可凭房卡到酒店前台登记导游姓名免费领取风筝。步行几分钟到海边放风筝,领略大海风情,让您充分感受蓝天、大海、阳光、沙滩的魅力。正所谓小时候的那首诗:"草长莺飞二月天,拂堤杨柳醉春烟。儿童散学归来早,忙趁东风放纸鸢。"让您找回童年的乐趣。

友情提示:风筝用完一定要归还酒店,消除领取记录。

晚餐享用:海鲜自助BBQ。享受惬意的休闲时光,畅快地喝酒,品味美食,忘记平日工作带来的压力。

这里远离城市的喧闹,这里没有压力,抛开所有的烦恼,一起来海边!

2. 北戴河两日海洋之旅

这条线路针对滨海度假游客,让游客与海洋亲密接触,充分感受海之趣,领略各种海滨活动的快乐。

D1:上午接团,参观大型海洋主题乐园——山海关乐岛海洋公园(游览时间约1d),到戏水乐园参与精彩刺激的水上项目,到海洋剧场看动物明星的现场表演,到海底世界极地馆看珍稀的极地动物(北极熊、白鲸、企鹅等),到充满异域风情的文化广场看多彩的文化展演(杂技、巴西桑巴舞、俄罗斯风情表演、小丑杂耍等),到休闲区自费参与滑艇、摩托艇、水上飞机、香蕉船等互动项目。碧螺塔酒吧公园(晚上游览时间约3h),晚上观熊熊燃烧的篝火,灼热的闪光释放着激情,展现着无穷的魅力。晚上大型演出20:30开始,观泰国红艺人特色表演。

D2:翡翠岛海滨体验。感受滑沙、滑草、骑骆驼的刺激,享受游泳、沙疗、开沙滩摩托的快乐,充分感受海滨气候的凉爽与海水的魅力,与大海亲密接触。傍晚送火车站返程,结束愉快旅程!

3. 碧海金沙海洋科普夏令营三日游

这条线路是针对修学旅游市场的科普夏令营产品,自然与人文相结合,有游有学,寓教于乐,吸引学生群体。

D1:

06:30　早餐。

07:00　赴长城东部入海口——老龙头(游览约2h)。在海边举行别开生面的开营仪式,让你有一个难忘的假期!接待社、学习辅导老师讲话,由营长宣布本次夏令营活动开始。

万里长城东端直插入海,犹如龙头高昂,成为明长城东部起点,因此称为老龙头,它也是明代万里长城唯一的一段海中长城。参观宁海城、入海石城、澄海楼、龙武营、海神庙等,感受古代工匠的精妙设计及将士抵御外敌守边护国的辛酸苦辣。

12:00　集合,用餐。

13:00　午餐后集合,赴秦皇岛新澳海底世界(游览约2h)。漫步海底隧道中,欣赏稀奇美丽的热带海底生物,观看海狮、喂鱼表演。学习海洋知识,进行海洋科普知识学习教育,提高学生保护环境、爱护海洋的意识。让您漫游海底的梦想成真。体育基地浴场自由活动,远眺著名的万吨大港——秦皇岛港,繁忙的作业码头,海上巨轮,2008年北京奥运会秦皇岛分会场——奥林匹克体育场外景。游览完毕前往避暑胜地——北戴河区入住。

17:30　晚餐。

20:00　洗澡休息,恢复体力。

D2:

7:00　早餐。

8:30　赴南戴河,游览金沙湾沙雕大世界,看世界之最——沙雕大佛,赏特色主题沙雕。其中滑沙(含票)、滑草(含票)、沙滩迷宫(含票)、沙雕观赏(含票)、海边观景长廊(含票)、沙滩足球(含票)、沙滩排球(含票)、海水浴场(含票)、拔河比赛(含票)、射箭(含票)、沙滩篮球(含票)、森林吊床(含票)、休闲座椅(含票)、沙雕自创乐园(含票)、高尔夫练习(含票)、水上脚踏船(含票)等多项娱乐项目,带给同学们回归大自然的清新感受!

15:00　赴南戴河,参观素有"天下第一浴"之称的南戴河天马浴场,聆听美丽的北戴河故事传说。天马浴场自由活动,远观具有全国最长跨海索道的仙螺岛外景。

18:00　晚餐。

20:00　洗澡休息,恢复体力。

D3:

6:30　起床收拾行李。

7:00　早餐。

8:00　游览北戴河四大名胜之代表鸽子窝公园(观伟人塑像、看海滨大潮坪)。赶海、拾贝、捉小螃蟹、观鸟、看潮、寻古碣石胜地、登望海亭、与毛主席雕像合影,鹰角亭看"秦皇岛外打鱼船,一片汪洋都不见"的美丽景色。

10:00　游览2008年奥运历史的奥林匹克大道公园(赠送),有音乐主题喷泉、奥林匹克浮雕墙、单体浮雕、中国奥运冠军手足印和签名纪念柱、高标准轮滑场,观体育明星手模、足印、亚洲最大音乐喷泉等,了解奥林匹克的发展史,学习不屈不挠的奥林匹克精神,了解体育运动场以及体育健身设施等组成。

11:00　赴北戴河旅游码头自由活动,后集合队伍,海边举行闭营仪式;接待社、辅导员讲话,学生代表讲话;结束愉快的滨海旅程。

12:00　中餐。

12:30　返程,回到温暖的家。

4. 海景独栋豪华别墅私人定制三晚四日游

此线路根据游客要求组合他们感兴趣的目的地和住宿酒店,学会在实践中根据市场灵活安排旅游产品的能力。

D1:出发,前往中外文明的避暑胜地——北戴河,入住北戴河海景独栋豪华别墅。

D2:早餐后乘车赴南戴河黄金海岸金沙湾沙雕大世界游览。

金沙湾景区位于黄金海岸旅游度假区中段,景区内海滨浴场沙质细腻,海水清澈,景色宜人,是您海水浴、热沙浴、日光浴的理想之地,目前拥有国内最大的沙雕艺术园,是环渤海地区规模最大、游乐设施最先进、设备数量最多的顶级水上娱乐主题公园。体验惊险大回环滑道、刺激的极速滑道、最大的超级大喇叭滑道、舒适的漂流河、具有特色的滑沙/滑草等项目。下午返回别墅,休息。

D3:早餐后乘车前往历史文化名城——山海关。

途径奥林匹克体育公园、滨海大道,约 50min 到达古城山海关,参观天下第一关古城,观天下第一关巨匾和镇东楼、钟鼓楼、兵部分司署,后游览现存万里长城东部起点入海石城——老龙头,站在长城之上,目睹长城入海的壮丽景观,登临澄海楼、拜访海神庙。下午自由活动。

D4:上午自由活动,尽情享受碧海金沙的私享浴场,下午适时返程,结束四天的休闲度假游。

第八章 景区讲解方法与技巧

一、讲解辞创作方法

（一）讲解辞的内涵

讲解辞是导游人员引导游客参观游览时使用的讲解语言，主要用于面对面的导游交际场合。关于讲解辞之"辞"，是写作"辞"还是"词"，很长时间以来一直存在争议。

在汉以前，一般只用"辞"而不用"词"，譬如《易经·乾卦》的"修辞立其诚"、《论语·卫灵公》的"辞达而已矣"、《论语·季氏》的"而必为之辞"等；汉以后，出现了以"词"代"辞"的现象，譬如《史记·儒林外传》的"是时天子方好其词"、《文心雕龙·容裁》的"剪裁浮词谓之裁"等用法，但总体来看，用"辞"的现象还是更多一些。

《新华词典》中对"辞"的解释是，"辞：①中国古代的一种文字体裁；②语言文词"。而把"词"诠释为：①语言中最小的、有意义的、能自由运用的单位；②说话或诗歌、戏剧、文章中的语句；③别称长短句，一种长短句押韵的诗体"。

在现代汉语中，"辞"用来指代优美的语言，而"词"则指语句。但是，也存在"文辞"和"文词"、"言辞"和"言词"并用的现象，且有积非成是的"解说词"的成例。受此影响，一些人将"讲解辞"写成"讲解词"。我们认为，这是不妥当的，讲解辞应该使用"辞"的本义，将"辞"的要点放在"优美的语言"上。

（二）讲解辞的类型

讲解辞的类型并无一定之规，且因讲解内容和从业人员的文化素养的不同而异，但较为常见的主要有以下几种类型。

1. 漫谈型

这种类型的讲解辞可以称为"流水账"。其特点是走到哪讲到哪，见到什么说什么，面面俱到，点到为止。其内容也只限于景点范围内游客目光所及的景色、建筑、文物等的一般性讲解。

当然，"流水账"式的讲解辞有时还是必要的。对于刚刚涉足旅游业的导游人员而言,它可以使导游人员对旅游景点有一个基本的了解,在讲解的时候有一些最起码的素材可以讲。但是,如果导游人员仅仅只是停留在这种水准上而不继续努力,那么,其讲解辞的品位永远只能停留在一个较低的层次上。

2. 混合型

这种类型的讲解辞,是介于漫谈型和知识型之间的一种讲解辞。导游人员在创作此类讲解辞的时候,在点到为止的基础上又融入了某些知识。其特点是在介绍景点基本知识的基础之上,将其有关的一些传闻轶事穿插在导游介绍之中。虽然这比漫谈型的讲解辞进了一步,其讲解的内容是在游客看到景点的基础上,又更多地了解到一些较简单的景点相关知识,但其水平仅仅局限于一般人都能了解到的常识性内容,充其量也只是知其然而已。

目前我们大多数导游人员的讲解都属于这种类型,而且一般游客对此种讲解辞多持认同态度。但是作为导游人员来说,这只是一个合格的导游人员所应具备的基本要求,而距离一个真正优秀的导游人员还有一定的距离,还必须百尺竿头,更进一步。

3. 知识型

这种类型的讲解辞创作有一定的难度。它不仅要求导游人员具有渊博的知识,而且要求导游人员善于处理知识内容,即根据游客的个性特点和旅游团的共同需要,结合景点的素材和自己储备的知识,创作出具有一定知识内涵和文化底蕴、符合游客需要的讲解辞。

由于旅游所涉及的范围很广,对于每个景点来说,导游人员要把握好讲解内容,创作出知识性较强的讲解辞的确不容易。如果像以上两种讲解辞那样,是称不上优秀的。在导游人员进行讲解时,要使游客体会到一种"听君一席话,胜读十年书"的感觉,这就要求我们的导游人员不仅具有渊博的知识和良好的语言表达能力,而且要有适合游客需要的高水平讲解辞。

4. 比较型

这种讲解辞是所有讲解辞中档次最高、难度最大的一种。因为此种讲解辞不但要求有普遍性、科学性、知识性,还要求有可比性。也就是说不但要知其然,还要知其所以然,要由此及彼、由表及里、举一反三,通过科学的比较、联想、推理,把游客带到一个较高的知识境界。

上述4种类型的讲解辞,在导游人员讲解的时候,一定要根据游客不同的年龄、不同的身份、不同的层次而加以区别对待。如果我们在为一些受教育程度较低的游客讲解时,不注意对象的不同而大讲一些非常专业化的知识,则不可能收到良好的效果,反之亦然。

(三)讲解辞创作技巧

导游人员要创作出好的讲解辞,必须把握一定的要领。下面从讲解辞的选题原则、主题确立、借题发挥和创作要求4个方面谈谈讲解辞创作的主要技巧。

1. 把握选题原则

讲解辞要选准创作选题,应当遵循以下几个原则。

1)个性化原则

讲解辞一定要突出所描写景观的个性,即充分揭示其本身独有的、不同于其他任何景观的特色。个性即特色、特点,是独一无二的东西。个性越鲜明,则讲解辞的价值越高。

对自然景观要突出其自然特色。每一个自然景观都有其独特的地方,我们要准确地把它表达出来,这样才能吸引游客。如名山各有其个性,像泰山之雄、华山之险、黄山之奇、峨嵋之秀、青城之幽,等等;溶洞很多,也各有其特色。导游人员一定要深刻地挖掘所要描写的对象本身拥有的个性,决不能停留在泛泛的描述上,如风景秀丽、气候宜人、四季如春、别有洞天等,太一般化,落入俗套。

对人文旅游资源则应尽可能保持其原始风貌,特别是古建筑与古园林,除审美价值外还具有历史价值,在一定程度上反映古人的审美意识与生活情趣。如古寺院,不必过多描述山门、大雄宝殿、四大天王等,这些是每个寺院都有的,虽有细微差别,但对于不是研究佛教艺术的一般游客,并不感兴趣。而应着力去发现它与其他寺院不同的、在宗教史和艺术史上独具特色的地方。

2)创新性原则

讲解辞创作要求所选主题有新内容、新见解、新材料、新角度。讲解辞中描写的景观,不论是自然景观或人文景观,都有悠久的历史,一般都有着大量的口头流传的故事或丰富的文学材料。因此,首先要广泛收集材料,经过认真阅读、分析、比较,筛选出优秀的、科学的、符合时代精神的、富有艺术性的精华,而去掉荒诞的、迷信的、毫无意义的糟粕。

尤其重要的是,要努力从新的角度去思考和观察客观世界的对象,如前人虽已有涉猎但尚未充分表现的东西,这也就是我们经常说的"推陈出新"。

3)整体性原则

任何一处具有一定价值和较强吸引力的景观景物,不论是自然风光还是名胜古迹,都有其广阔的社会政治背景、深厚的历史文化内涵,它往往是众多景点中具有特色的珍品。但是,它之所以富有吸引力,绝不是孤立的,一定具有其"众星捧月"的原因。因此,在创作讲解辞时,不能"就事论事""就景写景",孤零零地描述单个的景点。这不仅显得单调肤浅,而且也失去了由此及彼、以点带面的整体性。

4)针对性原则

讲解辞创作要有针对性,主要体现在两个方面:一方面是要针对时代特性,另一方面是要针对市场需求。

讲解辞创作首先要有鲜明的时代精神,应站在时代的高度去挖掘景物的本质意义,不能只囿于写作对象的具体范围,而不顾及社会生活的发展和变化,反映游客的需要。因为随着社会生活的变化和市场经济的发展,当代游客的旅游需要和旅游动机也不断变化,使旅游资源随时都面临着入时与过时、扩大或丧失吸引力的可能性。譬如,历史上温泉曾是旅游的主要对象;后来,人们又喜欢海水和阳光,于是海滨胜地出现了;20世纪80年代,文化旅游日益风行起来,人们喜欢参观文物古迹,为此各国又十分重视文化资源的开发。因此,要对已不入时的资源做出正确评价,挖掘其时代精神,力争恢复其吸引力。

其次,讲解辞创作要特别重视市场需求的变化,随着市场的转移而选择重点目标和题材。与此同时,讲解辞也要根据景观的目标市场不同而进行创作。每一个旅游目的地和景观,都有其不同的消费市场,即不同的游客群体,讲解辞创作要选准自己的听众,有的放矢,才能扣人心弦。如秦皇岛天下第一关,既是青少年的爱国主义教育基地,又是考古学家、军事爱好者热衷的场所,对几类不同的旅游群体就要有不同的讲解辞。

2. 确立创作主题

主题,通常是作者在文章中表达的中心思想。它体现了作者创作的主要意图,表现了作者对文章中所反映的客观事物的基本认识、理解和评价。

主题具有客观性和主观性的双重属性。任何文章都是客观事物和社会生活的反映,主题应该是客观事物和社会生活内容固有的思想涵义,而不能牵强附会、任意拔高。但主题不是客观事物本身,而是作者对它的主观认识、主观反映,作者的主观因素在形成和表现主题的过程中起着决定性的作用。

讲解辞的写作也要重视主题的确立和提炼。一篇讲解辞,导游人员要向游客表达一种什么思想、意图,要激发游客什么样的情感、认识和评价,要达到怎样的目的,都是紧紧围绕主题来实现的。

1)主题是讲解辞的核心和灵魂

(1)主题决定讲解辞和景观景物的价值。讲解辞是导游人员对一个景物的历史文化价值、艺术观赏价值和科学研究价值的评价,也是导游人员的政治理想、思想意识和审美情趣的表现。讲解辞的主题也有深浅、新旧、正误之别,从而决定了一篇讲解辞本身的价值,更加重要的是影响了一个景物的价值。有的景物,本身的价值很高,但导游人员没有深刻发掘其主题,使它变得平淡无奇;而有的景观,原本看来平平淡淡,经导游人员描述、发掘其深刻的内涵,顿时辉煌起来,成为著名景观。这样的例子比比皆是,可见确立主题的重要性。

(2)主题决定创作素材的取舍提炼。一个景点往往已存在着大量的创作素材。它们往往是分散的、互相矛盾的、真实的或虚构的、高雅的或庸俗的。总之,可以分为有用的和无用的两大类。我们不能把这些素材原封不动地都写进讲解辞中去,一定要进行取舍提炼,这就是所谓的"去伪存真""去芜取精"的过程。根据主题表达的需要进行提炼和取舍,才能使杂乱无章的材料变成典型的、富有生命的、互相联系的、表现景观特色的有机整体,成为一篇优秀的讲解辞。

(3)主题支配讲解辞的谋篇布局。讲解辞要按照旅游线路先后顺序,层次分明、思路清晰地娓娓道来。导游人员只有在动笔之前把写作意图、亦即主题明确起来,才能在创作中做到哪些该先该后、哪里该增该减、哪里该详该略、哪里该藏该露,这样才能做到谋篇严谨、布局合理。否则,偏离主题盲目地铺陈,杂乱无章,不能形成一篇严密、统一的讲解辞。

(4)主题制约讲解辞的表达手法和语言运用。不同景物的讲解辞有不同的表达手法,不同的主题总要寻找最适于表现自己的表达手法。如自然风光,以描写和抒情为主;文物古迹以说明和论述为主;风俗民情以叙述和展示为主;革命圣地以记叙和颂扬为主。总之,不同主题的讲解辞有不同的表达手法,就是同一性质的景物,由于导游人员表达的主题含义不同,也会采用不同的表达方法,绝不会互相雷同。如朱自清的《雷响潭的绿》,阴雨天游览雷响潭,山绿、草绿、潭水绿,从而表达出作者对生活艰辛和生命倔强表现的感受,成为散文名篇。

2) 确立主题要注意正确、集中和深刻

(1)正确:是对主题的思想性、科学性或审美价值的要求。讲解辞的主题要符合景物的真实情况,充分揭示景物文化内涵,帮助游客去认识和欣赏景物的深层价值,激发人们积极健康的情感:如对祖国、生活、大自然、科学知识的热爱,颂扬悠久历史、绚烂文化、民族团结等,从而鼓舞人们的斗志,提高人们的情操。

(2)集中:主要指主题的简明和单一。一般来说,一篇讲解辞只能有一个主题,不宜同时存在两个或两个以上的中心。否则就会枝乱叶蔓,扰乱讲解辞的中心思想,妨碍人们对中心思想的准确把握。要求主题简明和单一,就是为了使问题明朗化,便于说深说透,增强主题的表达效果。

有的讲解辞写得杂乱,主要就是主题不集中、不单一。一是对所写景物的主题没有想清楚,什么事情都想告诉游客,结果头绪纷乱,思路不清;二是对无关主题的素材舍不得割舍,觉得这也生动、那也有趣,于是不加选择地都写进去,势必旁生枝节,主要意思反而说不清楚了。

(3)深刻:是反映主题的深度。讲解辞不能停留在景物表面现象的罗列和说明上,它应该揭示景物深层本质的科学内涵。当然,主题的深刻性不是抽象推论或凭空拔高的产物,而需寄寓于个性鲜明的具体素材之中。两者巧妙结合,讲解辞才能既生动又深刻。

3) 确立主题应突出重点和选择亮点

(1)突出重点。讲解辞是一种新的特殊文体,不同于小说、散文、诗歌、论文、应用文等。它要求文字优美,琅琅上口,听来顺耳,既可以读,又可以结合场景实地讲解,最重要的是要让游客获得对景物的鲜明印象,以激发情感。因此,把握讲解辞创作的重点,显得尤为重要。

a.重点介绍最能体现景物本质特征的内容。如对园林景观的介绍,应着重于它的特色和表现手法;对历史文物的介绍,着重于它的文化价值和历史意义;对人物的介绍,着重介绍他的主要经历与功过得失。

b. 着重介绍游客最需要了解的内容。一个景区的胜迹、文物、景点很多,游客不可能全部游览,讲解辞要择其最主要的景物加以说明,不可能面面俱到。这样既满足了游客的要求,又避免了浪费笔墨。

c. 把景点的内容分成重点、次重点、一般景点依次布局,便能重点突出,层次分明,路线清楚,结构匀称,布局合理。

(2) 选择亮点。讲解辞中最精彩的部分就是所谓的亮点。每个景物都由许多内容组成,其中最吸引人们的、最有价值的、最独特的东西,是通篇讲解辞的闪光点,亦即亮点。我们知道,诗有"诗眼",文有"警句",画有"点睛",所以,写讲解辞就应该十分重视选择"亮点"。

亮点的选择要立足于导游人员拥有的创作素材,只有当导游人员拥有的景物资料十分丰富和合乎实际,才能找到亮点,形成通篇讲解辞的高潮。

亮点的出现还有待于选取新颖、独特的新视角,努力探求景物的新意。新视角能提供新的场面,开掘新的含义。如果总沿着前人的传说传下去,只能看到老生常谈的旧景;相反,独辟蹊径,在从未有人到过的地方登攀,才会领略到前人所未见的奇观。古人说:"横看成岭侧成峰,远近高低各不同。"(苏轼《题西林壁》)新的角度,会找到新的突破口,发现新的意境,这就是亮点。

3. 善于借题发挥

讲解辞通常都是依照旅游线路编排,紧扣主题创作的。但在介绍某一景观景物时,往往需要导游人员从内容上加以扩充和增补,帮助游客更加深入地理解画面和实物本身难以直接表达的含义。因此,讲解辞的创作在许多地方需要借题发挥。

1) 知识上旁征博引

譬如,秦皇岛老龙头的辕门。"辕门的辕是什么?辕就是车辕子。春秋战国时期,国君出游狩猎,在外面搭营帐住宿,出入口仰起两车,使车辕子相对,像门的样子,叫辕门。所以以后,历代军营的门都叫辕门。《三国演义》里的吕布辕门射戟,杨家将里辕门斩子,都是指中军帐外的营门。起初确实是用战车车辕作门,后来就变了。现在您看到的辕门的样式是明代的。后来兵营用栅栏围护,栅栏口的门也叫作辕门。好了,走出辕门也就走出龙武营了。"

这种手法在讲解辞中经常使用,关键是用得是否恰当。

2) 情理上借题发挥

譬如在秦皇求仙入海处景区,解说辞写道:"千年弹指一挥间,始皇帝的求仙船早已杳无踪迹,给秦皇岛留下的只是一个别致的名字,朝代更迭,而北戴河却在此孤寂千年。在自然和时间面前,人类是何其的渺小啊!"

这段解说辞借题发挥,揭示了画面以外的深刻涵义,给人们以某种启迪。

3) 史料上借古论今

譬如,长寿山景区背倚雄伟壮丽的万里长城,解说辞为:"长城犹如一条巨龙蜿蜒于群峰众壑之间,三道关长城被称作'天险要隘'直插云天,长城倒挂于绝壁,悬崖峭壁,峰高谷深,惊险非常。人无羊肠道,鸟飞无觅处,如何砌垒长城?已成千古之谜。但它对弘扬民族文化,促进改革开放和旅游事业的发展,起到积极的推动作用!我相信各位会为先辈们勤劳智慧创造的辉煌业绩所激动,在当今和谐社会的建设中再创辉煌!"

这种潇洒自如的借古论今,既不装腔作势,又不牵强附会,对加深主题思想很有用处。这在讲解辞中处处可见。

借题发挥的手法很多,但是要用好这种手法必须注意:

(1)要紧扣景物和实物,以真实的场景为基础。不能随意发挥,信口开河。

(2)引用的史料知识,必须是真实的、科学的,而不是杜撰的、瞎编的。未经证实的史料不得任意引用。民间传说就要如实注明,不能以假乱真。

(3)抒发的感情应该是积极的、健康的、催人奋进的,而不是消极的、颓废的、厌世的。

(4)发挥的内容要简洁,文字要精炼。做到有的放矢,收放自如,而不要漫无边际,离题万里。

讲解辞的创作要有文学家的功底、诗人的激情、史学家的冷静和理论家的逻辑性。这并不是夸张,也不是吓唬人,而是要求对讲解辞创作持严肃的、认真的态度。这对发展我国旅游业,提高我国导游业的整体水平,有着深远的意义。

4. 注意创作要求

1)强调知识性

一篇优秀的讲解辞必须有丰富的知识内容,融入各类知识,旁征博引,融会贯通,引人入胜。讲解辞的内容必须准确无误,令人信服。讲解辞不能只满足于一般性介绍,还要注入深层次的知识内容,如同类事物的鉴赏、有关诗词的点缀、名家的评论等。这样,会提高讲解辞的水准和价值。

2)讲究口语化

导游语言是一种具有丰富表达力、生动形象的口头语言,并且讲解辞多采用口头传播的方式,最终目的是直接讲解给游客听。所以,它必须口语化,在语音、词汇、语法、修饰等各方面,无条件地服从口头表达的一系列特殊要求,以形成通俗易懂、亲切自然的口语风格。因此在句式上,应多采用清爽、简洁的短句、散句,还要充分调遣并综合运用整句与散句、长句与短句,使它们琅琅上口,节奏轻快,自然流畅。在词语选择上,尽量避免书面语,多使用口语形式,包括人们喜闻乐见的俗语、俚语、俏皮语等,以达到最佳的表达效果。

譬如,秦皇岛仙人祠解说辞:"是仙人送子,你看她,左手抱一个,背上驮一个,前面跪一个,身后还跟着一大群,哭哭啼啼,一片凄惨景象,真是儿多母苦啊!"

这一段讲解辞全是用的口语词、短句子,显得生动活泼,便于讲解,听起来效果很好。

强调讲解辞口语化,不意味着就可信口开河,不讲究语言的规范性。创作讲解辞必须注意语言的品味。

3)突出趣味性

为了突出讲解辞的趣味性,必须注意以下几个方面的问题。

(1)精心编织故事情节。讲解一个景点,要不失时机的穿插趣味盎然的传说和民间故事,以激起游客的兴趣和好奇心理。

譬如,介绍秦皇岛的天开海岳碑,可插入这样一段传说:"关于这块碑还有一段神奇的传说!相传英国侵略军占了老龙头后,看见石碑傲然矗立,很不舒服,于是用几匹马把它拉倒了。可是从这以后每天晚上,夜空里伸出一只大手把英国哨兵一把抓走。如此几夜,英国官兵害怕了,不得不恭恭敬敬地把这块碑重新树立起来。"

这一段传说使景点增添了神秘色彩,更引人入胜。但是,选用的传说故事必须是精华,与景观密切相关,不得胡编乱造;使用时要灵活,要与新讲解的内容紧密结合,切忌生搬硬套。

(2)语言力求生动形象。生动形象的语言能将游客导入意境,给他们留下深刻的印象。

譬如,秦皇岛森林公园有一段讲解辞是这样写的:"大家随我手指的方向往对面的山崖上看,那里有一块站立的方形石壁,在这块石壁的左侧还有一个细小的石柱相向而立,这个小石柱就像一个人背着手,仰着头,在石壁上寻找什么,我们把这一组石景叫秀才观榜,方形的石壁恰似一块皇榜,细小石柱恰似秀才,此时正在那里忐忑不安地辨认,一遍又一遍在皇榜上仔细地寻找自己的名字,其贪图功名利禄之心跃然石上。刘章咏诗道:君观皇榜我观君,一样神情两样心。君视功名山岳重,我怜山水有诗魂。"

这段讲解辞通过生动的语言给游客留下了深刻的印象,而且借景发挥,化解了许多不利因素。

(3)恰当运用修辞方法。讲解辞中,恰当地运用比喻、比拟、夸张、象征等手法,可使静止的景观化为生动鲜活的画面,揭示出事物的内在美,使游客沉浸陶醉。

譬如,"北戴河是秦皇岛的女儿,她的得名也很有趣。尽管真正给她生机和活力的是浩瀚的渤海,但她任性般地以一条几乎不为人知的小河的名字来命名。正是这如今不是岛的秦皇岛,拥抱着已忽略了河的北戴河,以它的碧海金沙,以它的阳光绿色,吸引着人们的视线,让人流连忘返。"

《走遍中国·秦皇岛》中的这一段讲解辞用3个生动的比喻诠释了北戴河与秦皇岛亲密的关系与和谐的美。

(4)具有幽默风趣的韵味。幽默风趣是讲解辞艺术性的重要体现,可使其锦上添花,气氛轻松。

譬如,秦皇岛天下第一关的讲解辞:"现在我们看到的呢,叫作箭窗,刚才我给大家介绍过了,它是作为战时射箭之用。是红底白环黑靶心,鲜艳醒目。现在谁能告诉我为什么要设计成红底白环黑靶心的形式呢？好了现在由我来告诉大家：在当时天下第一关城楼刚建成后,它的屋檐和羌脊上总是会停着许多飞鸟,而这些箭窗平时关闭,战时开启。所以开启时飞鸟就会扑楞楞地乱飞,影响军情。所以当时的科学家想出了一个好办法,就是把箭窗设计成红底白环黑靶心的样子。您看这像不像一只只眼睛,它们就像一只只眼睛看着飞鸟,使飞鸟不敢靠前。所以说明朝时的古人还是很聪明的嘛！"

当然,用"比喻"引出幽默,这个比喻一定是简单的、易懂的、形象的、生动的。

(5)随机应变,临场发挥。讲解辞创作成功与否,不仅表现其知识渊博,也反映出导游技能、技巧。

譬如,导游人员在车上讲解时,忽然遇到一段坑坑洼洼的山路,这时导游即景生情地说："请大家放松一下,我们的汽车现在开始为大家做全身按摩,按摩时间大约十分钟,不另外收费。"

一席话使游客忍俊不禁,同时也增添了旅途中的乐趣。

4) 具有针对性

讲解辞不是以一代百、千篇一律的。它必须从实际出发,因人、因时而异,要有的放矢,即根据不同的游客以及当时的情绪和周围的环境进行导游讲解。切忌不顾游客千差万别,讲解辞仅此一篇的现象。编写讲解辞一般应有假设对象,这样才能具有针对性。

此外,每个景点都有其代表性的景观,每个景观又都从不同角度反映出它的特色内容。讲解辞必须在照顾全面的情况下针对重点内容作详细介绍。面面俱到、没有重点的讲解辞是不会成功的。导游人员应该像一个画家,将景点视同一件美术作品,先将景点的主线条勾画出来,然后再根据具体情况,灵活地运用我们平时牢记于心的各种素材加以润色。景点就像是一朵红花,加以绿叶的衬托,红花会显得更加美丽。但如果花太多,就突出不了大花、好花。

5) 富有高品位

讲解辞创作必须注意提高品位：一要强调思想品位,因为,弘扬爱国主义精神是导游人员义不容辞的职责；二要讲究文学品位,讲解辞的语言应该是规范的,文字是准确的,结构是严谨的,内容层次是符合逻辑的,这是对一篇讲解辞的基本要求。如果再在基本内容之外适当地引经据典、得体地运用些诗词名句和名人警句,就会使讲解辞的文学品位更高。

二、景区讲解的基本方法

景区讲解是导游艺术的重要组成部分。为了使自己成为旅游者的注意中心并将他们吸引在自己周围,导游人员必须讲究导游讲解的方式、方法。国内外导游界的前辈们总结出了很多行之有效的导游方法和技巧,不少优秀导游人员还在通过实践不断予以补充、丰富,下面介绍10种导游讲解方法。

(一)概述法

概述法是导游人员就旅游城市或景区的地理、历史、社会、经济等情况向游客进行概括性介绍,使其对即将参观游览的城市或景区有一个大致的了解和轮廓性认识的一种导游方法。这种方法多用于导游人员接到旅游团后坐车驶往下榻饭店的首次沿途导游中,它好比是交响乐中的序曲,能起到引导游客进入特定的旅游意境,初步领略游览地奥秘的作用。

例如:用"概述法"介绍秦皇岛

秦皇岛,简称秦,又称港城,河北省地级市,世界级汽车轮毂制造基地和中国最大铝制品生产加工基地,北方最大粮油加工基地,中国首批沿海开放城市,中国海滨城市,东北亚重要的对外贸易口岸,地处环渤海经济圈中心地带,是东北与华北两大经济区的结合部。秦皇岛港是世界第一大能源输出港,有国民经济"晴雨表"之称。

秦皇岛是国家历史文化名城,因秦始皇求仙驻跸而得名,两千余载的岁月长河,留下了夷齐让国、秦皇求仙、魏武挥鞭等历史典故。秦皇岛曾协办北京亚运会和北京奥运会,是中国唯一协办过奥运会和亚运会的地级市。

秦皇岛是低碳试点城市;国家园林城市;中国综合交通枢纽城市;第一批国家智慧城市试点;2012中国特色魅力城市;全国双拥模范城市;十大最佳休闲城市之一;全国十佳生态文明城市;全国十佳绿色生态旅游城市;全国首批无障碍设施建设示范创建城市;中国最具幸福感城市。

(二)分段讲解法

分段讲解法就是对那些规模较大、内容较丰富的景点,导游人员将其分为前后衔接的若干部分来逐段进行讲解的导游方法。

一般来说,导游人员可首先在前往景点的途中或在景点入口处的示意图前介绍景点概况(包括历史沿革、占地面积、主要景观名称、观赏价值等),使游客对即将游览的景点有个初步印象,达到"见树先见林"的效果。然后带团到景点按顺序进行游览并讲解。在讲解这一部分的景物时注意不要过多涉及下一部分的景物,目的是为了引起游客对下一部分的兴趣,并使导游讲解环环相扣、景景相连。

(三)突出重点法

突出重点法就是在导游讲解中不面面俱到,而是突出某一方面的导游方法。一处景点,要讲解的内容很多,导游人员必须根据不同的时空条件和对象区别对待,有的放矢地做到轻重搭配,重点突出,详略得当,疏密有致。导游讲解时一般要突出以下4个方面。

1. 突出景点的独特之处

游客来到目的地旅游,要参观游览的景点很多,其中不乏一些与国内其他地方类似的景点。导游人员在讲解时必须讲清这些景点的特征及与众不同之处,尤其在同一次旅游活动中参观多处类似景观时,更要突出介绍其特征。

2. 突出具有代表性的景观

游览规模大的景点时,导游人员必须事先确定好重点景观。这些景观既要有自己的特征,又能概括全貌。实地参观游览时,导游人员应主要向游客讲解这些具有代表性的景观。

3. 突出游客感兴趣的内容

游客的兴趣爱好各不相同,但从事同一职业的人、文化层次相同的人往往有共同的爱好。导游人员在研究旅游团的资料时要注意游客的职业和文化层次,以便在游览时重点讲解旅游团内大多数成员感兴趣的内容。

4. 突出"……之最"

面对某一景点,导游人员可根据实际情况,介绍这是世界或中国最大(最长、最古老、最高,甚至可以说是最小)的……因为这也是在介绍景点的特征,很能引起游客的兴致。不过,在使用"……之最"进行导游讲解时,必须实事求是,言之有据,绝不能杜撰,也不要张冠李戴。

(四)问答法

问答法就是在导游讲解时,导游人员向游客提问题或启发他们提问题的导游方法。使用问答的目的是为了活跃游览气氛,激发游客的想象思维,促使游客和导游人员之间产生思想交流,使游客获得参与感或自我成就感的愉悦。问答法包括自问自答法、我问客答法、客问我答法和客问客答法4种形式。

1. 自问自答法

导游人员自己提出问题,并作适当停顿,让游客猜想,但并不期待他们回答,只是为了吸引他们的注意力,促使他们思考,激起兴趣,然后作简洁明了的回答或作生动形象的介绍,还可以借题发挥,给游客留下深刻的印象。

2. 我问客答法

导游人员要善于提问,所提问题要问得恰当,估计游客不会一无所知,也要估计到会有不同答案。同时还要诱导游客回答,但不要强迫他们回答,以免使游客感到尴尬。游客的回答不论对错,导游人员都不应打断,更不能笑话,而要给予鼓励。最后由导游人员讲解,并引出更多、更广的话题。此外,导游人员提问的时机也要把握好。导游人员应该懂得,与游客在一起的时候提问不能太随便也不能没有目的,只有懂得把握时机,才能收到较好的效果。一般说来,游客在静想和思考问题的时候,导游人员不宜打扰游客;游客在欣赏美景和节目的时候,导游人员不提与此不相关的事情和问题。

3. 客问我答法

导游人员要善于调动游客的积极性和他们的想象思维，欢迎他们提问题。游客提出问题，说明他们对某一景物产生了兴趣，进入了审美角色。对他们提出的问题，即使是幼稚可笑的，导游人员也绝不能置若罔闻，千万不要笑话他们，更不能显示出不耐烦，而是要善于有选择地将回答和讲解有机结合起来。不过，对游客的提问，导游人员一般只回答一些与景点有关的问题，注意不要让游客的提问冲击你的讲解，打乱你的安排。

在导游实践中，导游人员要学会认真倾听游客的提问，善于思考，掌握游客提问的一般规律，并总结出一套相应的"客问我答"的导游技巧，以求随时满足游客的好奇心理。

4. 客问客答法

导游人员对游客提出的问题并不直截了当地回答，而是有意识地请其他游客来回答问题，亦称"借花献佛法"。导游人员在为"专业团"讲解专业性较强的内容时可运用此法，但前提是必须对游客的专业情况和声望有较深入的了解，并事先打好招呼，切忌安排不当，引起其他游客的不满。如果发现游客回答问题时所讲的内容有偏差或不足之处，导游人员也应见机行事，适当指出，但注意不要使其自尊心受到伤害。此外，这种导游方法不宜多用，以免游客对导游人员的能力产生怀疑，产生不信任感。

（五）虚实结合法

虚实结合法就是在导游讲解中将典故、传说与景物介绍有机结合，即编织故事情节的导游方法。所谓"实"是指景观的实体、实物、史实、艺术价值等，而"虚"则指与景观有关的民间传说、神话故事、趣闻轶事等。

"虚"与"实"必须有机结合，但以"实"为主，以"虚"为辅，"虚"为"实"服务，以"虚"烘托情节，以"虚"加深"实"的存在，努力将无情的景物变成有情的讲解内容。

譬如，参观秦皇岛老龙头景区，导游人员可结合老龙头的建筑复原图讲解："老龙头是涉海岬角，海拔20多米，形势险要。明洪武十四年，大将军徐达选择这里做明长城的起点，是有战略眼光的。看，老龙头西面，紧挨石河口有个潮河港，大船往来，保障军需民食。从犄角筑长城，居高临下。沿着起伏的丘陵，长城蜿蜒北上角山，形势多么险要。老龙头景观区包括入海石城、靖卤台、南海口关、澄海楼滨海长城、宁海城和海神庙。"

在实地导游讲解中，导游人员一定要注意不能"为了讲故事而讲故事"，任何"虚"的内容都必须落实到"实"处。

导游人员在讲解时还应该注意选择"虚"的内容要"精"、要"活"。所谓"精"，就是所选传说故事是精华，与讲解的景观密切相关；所谓"活"，就是使用时要灵活，见景而用，即兴而发。

(六)触景生情法

触景生情法就是在导游讲解中见物生情、借题发挥的一种导游方法。在导游讲解时,导游人员不能就事论事地介绍景物,而是要借题发挥,利用所见景物制造意境,引人入胜,使游客产生联想,从而领略其中之妙趣。如:

1954年7月下旬,毛泽东第二次来到北戴河。这一年8月份,秦皇岛一带天降大雨,海天一色,迷迷茫茫。毛泽东在北戴河,写下了著名的诗篇《浪淘沙·北戴河》:

大雨落幽燕,白浪滔天,秦皇岛外打鱼船。一片汪洋都不见,知向谁边?

往事越千年,魏武挥鞭,东临碣石有遗篇。萧瑟秋风今又是,换了人间。

诗词中说的"魏武"指的就是魏武帝曹操,"东临碣石有遗篇"中的"遗篇"指的是曹操写的四言古诗《观沧海》。毛泽东抚今思昔,感慨万端:久经战乱的中国,终于走向稳定,贫穷饥饿的中国人民,终于获得了新生。毛泽东发出了胜利的欢呼:"萧瑟秋风今又是,换了人间。"《浪淘沙·北戴河》是毛泽东代表中国人民高奏的一首凯歌,也是赠送给秦皇岛人民的一份珍贵的礼物。为了纪念毛泽东和他在北戴河创作的这首诗篇,北戴河区政府在鸽子窝公园,竖立了毛泽东塑像和诗碑各一座,愿一代伟人英名长在,绚丽诗篇千古流传。

触景生情法要求导游讲解内容与所见景物和谐统一,使其情景交融,让游客感到景中有情,情中有景。

触景生情贵在发挥,要自然、正确、切题地发挥。导游人员要通过生动形象的讲解,有趣而感人的语言,赋予死的景物以生命,注入情感,引导游客进入审美对象的特定意境,从而使他们获得更多的知识和美的感受。

(七)制造悬念法

制造悬念法就是导游人员在导游讲解时提出令人感兴趣的话题,但故意引而不发,激起游客急于知道答案的欲望,使其产生悬念的导游方法,俗称"吊胃口""卖关子"。这种"先藏后露、欲扬先抑、引而不发"的手法,一旦"发(讲)"出来,会给游客留下特别深刻的印象。

制造悬念是导游讲解的重要手段,在活跃气氛、制造意境、激发游客游兴等方面往往能起到重要作用,所以导游人员都比较喜欢用这一手法。

同是一地,一般介绍虽很热情,也富有诗意,但因是平铺直叙,听者不以为然;而制造悬念法虽用词简朴,却能做到出其不意,异峰突起,引起了游客的注意、思考、怀疑和猜测,兴趣顿起。后者的成功之处,还在于掌握了游客的心理,不是一下子把话讲完,而是留有余地,让大家去体察、回味,然后由自己做出补充,因此效果尤佳。

(八)类比法

类比法就是在导游讲解中风物对比,以熟喻生,以达到触类旁通的一种导游方法。导游人员用游客熟悉的事物与眼前景物进行比较,既便于游客理解,又使他们感到亲切,从而达到事半功倍的导游效果。类比法可分为以下两种。

1. 同类相似类比

同类相似类比是将相似的两个事物进行比较,便于游客理解并使其产生亲切感。

譬如,参观北戴河著名的怪楼别墅时,讲解辞说道:"辛伯森只是当年众多在北戴河修建别墅的外国人之一。那些年间,20多个国家的外国使者、传教士以及中国的达官显贵、富商巨贾相继在这里修筑了719座不同风格的别墅,使这里成为数量仅次于庐山的中国第二大别墅区。众多的外国人居住在这里,首开风气之先。时髦的中外女士或骑驴徜徉于洁净无泥的松间沙路,或穿着前卫的泳装嬉戏在波峰浪谷,白天林间的网球赛还意犹未尽,晚上霞飞馆的欢宴舞会又开场报。难怪当年北洋女子师范学校创办人吕碧城把北戴河比喻为'细腰捷足、长裙飘飘、潇洒出尘'的西洋美人。"

2. 同类相异类比

同类相异类比是将两种同类但有明显差异的风物进行比较,比出规模、质量、风格、水平、价值等方面的不同,以加深游客的印象。

要正确、熟练地使用类比法,要求导游人员掌握丰富的知识,熟悉客源国,对相比较的事物有比较深刻的了解。面对来自不同国家和地区的游客,要将他们知道的风物与眼前的景物相比较,切忌作胡乱、不相宜的比较。

(九)妙用数字法

妙用数字法就是在导游讲解中巧妙地运用数字来说明景观内容,以促使游客更好地理解的一种导游方法。导游讲解中离不开数字,因为数字是帮助导游人员精确地说明景物的历史、年代、形状、大小、角度、功能、特性等方面内容的重要手段之一,但是使用数字必须恰当、得法,如果运用得当,就会使平淡的数字发出光彩;否则,就会令人产生索然寡味的感觉。运用数字忌讳平铺直叙,因为导游讲解不同于教师上课,大量的枯燥数字会使游客厌烦。所以使用数字要讲究"妙用"。例如:

秦皇岛野生动物园位于北戴河海滨区内,面积334公顷,是我国目前面积最大,森林覆盖率最高,自然环境最优美的野生动物园。园内放养着80余种5000多只动物,有世界珍禽名兽和我国一、二级保护动物,如东北虎、非洲狮、长颈鹿、斑马、棕熊、黑天鹅等,置身其间,您会得到回归自然界的全新感觉。

在实地导游中,导游人员常用数字换算来帮助游客了解景观内容。导游人员运用数字分析可以更准确地说明景观内容。导游人员还可以通过数字来暗喻中国传统文化。

(十)画龙点睛法

画龙点睛法就是导游人员用凝练的词句概括所游览景点的独特之处,给游客留下突出印象的导游方法。游客听了导游讲解,观赏了景观,既看到了"林",又欣赏了"树",一般都会有一番议论。导游人员可趁机给予适当的总结,以简练的语言,甚至几个字,点出景物精华之所在,帮助游客进一步领略其奥妙,获得更多的精神享受。

实地导游讲解常用的方法还有很多。如点面结合法、引人入胜法、启示联想法、谜语竞猜法、知识渗透法等,它们都是导游人员在导游工作实践中提炼、总结出来的。在具体工作中,各种导游方法和技巧都不是孤立的,而是相互渗透、相互依存、相互联系的。导游人员在学习众家之长的同时,必须结合自己的特点融会贯通,在实践中形成自己的导游风格和导游方法,并视具体的时空条件和对象,灵活、熟练地运用,这样才能获得良好的导游效果。

三、景区讲解技巧培养

导游讲解是导游人员的重要职责,导游讲解水平的高低也是判断导游人员综合水平的重要内容之一。要想成为一名优秀的导游,就应该不断提高自己的导游讲解水平,掌握导游讲解的技巧与要领。

(一)做好讲解前的准备工作

1. 注重日常知识积累

如果没有导游人员日常的知识积累,前面章节中提到的概述法、分段讲解法、突出重点法等导游讲解技法,就很难做到运用自如。导游讲解也很难满足游客的求知需求。要提高导游讲解水平,知识积累是重要基础。

在日常工作和生活中,导游人员可以通过以下渠道积累知识。

(1)通过媒体关注"身边事",收集城市及景区的点滴变化。譬如,秦皇岛市卢龙县蛤泊乡鲍子沟村被国家住建部确定为第二批宜居村庄示范,是河北省唯一入选村庄,全国共61个村庄被确定为第二批宜居村庄示范。这些内容导游人员如能"有心"收集,在讲解城市发展时将成为有用的素材,丰富导游讲解内容。

(2)通过阅读专业书籍,丰富自己在某一知识领域的积累。譬如,导游人员要想讲好秦皇岛文化,阅读如《山海经》《秦汉历史》之类的书籍是非常有必要的,只有通过深入学习,才能让自己的讲解不仅能"讲其然",还能"讲其所以然"。

(3)通过网络搜索,寻找某一关注问题的相关背景知识。譬如,导游人员要想通过讲解关于秦皇岛的诗词来介绍秦皇岛的文化历史,可以在网络上搜集各种秦皇岛在史书中的记载史实,再运用类比法、妙用数字法等讲解方法灵活运用搜集到的素材,以达到良好的讲解效果。

2. 做好接到任务后的准备

虽然平时的积累非常重要,但是"临阵磨枪"也是做好导游讲解工作的要领之一。因为导游人员只有在接到讲解任务,确切了解游客情况以及游览线路和景点后,才能有针对性地做好讲解前的准备。

（1）分析游客信息，理清讲解重点。如果旅游团成员的年龄偏长，可多准备一些民间传说、历史上的人文逸事、革命历史故事及人物等内容；如果旅游团成员多为年轻人，对他们关心的购物及娱乐方面的情况就要用心多收集一些，在讲解内容上要突出城市的新亮点、新变化。

当然，以某一个方面为重点并非其他的方面就一点都不涉及，技巧在于讲解内容的组合，主次分明，主题突出。

（2）温习"旧内容"，构思"新创意"。导游人员在讲解前要注意"温故知新"。"温故"指的是对于自己不是特别熟悉或曾经出过错的讲解内容，需要再次温习，以免出错，特别是自己不太熟悉的重要的历史年代、建筑物的长度或高度等数据；"知新"指的是在讲解前有意识地去寻找自己未曾讲解过的知识点和内容，力争使自己的讲解每次都有新信息、新创意。

（3）养精蓄锐，做好身体准备。导游讲解也是一项"体力活"，边走边讲，眼观六路，耳听八方，因此导游人员在讲解前要养精蓄锐，保护好嗓子。

（二）把握讲解过程中的要领

导游讲解过程中，有可能受到其他因素的影响，如天气变化、行程变更、游客兴趣等，因此，即使做了大量的前期准备工作，如果没有当场的随机应变，灵活应对，也可能达不到理想的讲解效果。因此，在导游讲解过程中要学会吸引游客的"耳朵"，也就是"讲游客最想听的"。

1. 在旅游车上讲解时应掌握的要领

（1）与司机商量确定行车线路时，在合理而可能的原则下尽量不要错过城市的重要景观。

（2）在经过重要的景点或标志性建筑时，要及时向游客指示景物的方向，讲解的内容要及时与车外的景物相呼应。

（3）要学会使用"触景生情法"，在讲解城市的交通、气候、地理特点等概况时，可与游客看到的景象结合并借题发挥。譬如通过秦皇岛港时提醒游客秦皇岛是世界第一大能源输出港，有国民经济"晴雨表"之称，秦皇岛是世界级汽车轮毂制造基地和中国最大铝制品生产加工基地，北方最大粮油加工基地，中国首批沿海开放城市，中国海滨城市，东北亚重要的对外贸易口岸等。

（4）在讲解的过程中要注意观察游客的反应，如果大部分人的关注点是车外或频繁的互相交流，此时导游人员要注意调整讲解内容，通过指示游客观看车外的某个景物或现象将其注意力吸引回来，并及时运用"问答法"与游客进行互动交流。

（5）在快要到达将要游览的景区（点）时，要使用"突出重点法"将景区（点）的最重要的价值及最独特之处向游客进行讲解，以激发游客对该景区（点）的游览兴趣。同时要注意强调景区（点）游览时的注意事项及集合时间和地点。

2. 在景区(点)讲解时应掌握的要领

(1)在景区(点)的游览指示图前向游客说明游览线路、重要景点、洗手间及吸烟区的位置。

(2)要做好景区(点)的讲解,需要确定讲解主题,以主题为红线将每一个小景点串起来,引导游客去发现景区(点)最独特之处。

譬如讲解秦皇岛的碣石,可以古诗词为主题和线索,有《雪浪花》中描述的"潮涨潮落,云起云飞"之景,有魏武笔下的"水何澹澹,山岛竦峙,树木丛生,百草丰茂。秋风萧瑟,洪波涌起。日月之行,若出其中,星汉灿烂,若出其里"的诗境,有曹操那样的"东临碣石,以观沧海"的悲壮,有毛主席"萧瑟秋风今又是,换了人间"的壮志豪情。

(3)在讲解每个小景点时可以用"突出重点法"来讲解该景点的独特之处,用"触景生情法"延伸讲解与此有关的景区背景及历史,用"妙用数字法"来讲解其历史、建筑特点等,有些还需要用"类比法"将该景点与游客家乡或熟知的景点联系起来以加深印象。

(4)导游人员在讲解自己熟悉或擅长的内容时,不要过于张扬卖弄,避免过多使用"你们知不知道……""让我来告诉你……"等语言,同时注意控制节奏,给游客缓冲、消化知识内容的时间。

(三)实习讲解中的注意事项

在旅游车上讲解时要注意站稳靠好,行车途中噪音比较大,注意使用扩音器材,提高音量,关注每位游客,不要只注意前排游客。景区讲解时首先在大门口路线图处做总体概况讲解,办理好票务事宜后再进入景区进行分段讲解。在景区注意游客安全,提醒注意车流、人流及易走散路段。集中讲解完进行自由参观时要明确集合时间、地点。

(四)注意讲解后的导游服务

1. 巧妙回答游客的提问

在导游讲解结束后,游客有可能会提出各种各样的问题,如果问题与游览有关,而且导游也知道如何回答,可以在回答问题的同时进行深入讲解,往往会有好的效果,能增强游客对自己的信任;如果问题与游览无关,就要学会巧妙地回避。当遇到自己不清楚的问题时切忌胡乱回答,以免被当面指出贻笑大方,从而失去游客对自己的信任;如果自己知道确切答案,但游客有另一种说法时,要注意不要当众争执,不要直接指出对方的错误,要学会回避矛盾,找出共同点,给对方找"梯子"下台,及时转换话题。

2. 引导游客"换位欣赏"

导游人员在讲解结束后,要善于引导游客用眼睛去发现美,从不同角度去欣赏美,从不同层面去感受美。譬如在某个角度拍照效果最好,从某个地方远眺风景最美等。

3. 告知游客相关注意事项

导游人员在讲解结束后,要向游客说明自由活动的注意事项,建议他们值得去的地方及线路,再次强调集合的时间和地点,并告诉游客如果需要帮助可以在什么地方找到导游人员等。

每个导游人员在实地导游讲解中都会自觉或不自觉地运用各种方法技巧,只要善于总结和提炼,往往就能成为导游讲解中的要领。

第九章 实习组织与报告编写

一、实习组织与程序

北戴河旅游教学实习是旅游管理专业学生第一次野外教学实习,为保证教学效果,实习过程需要严密的组织。

(一)实习动员与准备阶段

实习前,带队教师要组织学生召开实习动员会,使学生了解实习目的、内容、安排及要求达到的实习目标,从思想上、态度上和物质上做好实习准备。

(1)带队教师介绍实习线路、教学内容、实习要求等。

(2)带队教师讲解问卷设计与调查、旅游产品设计、景区讲解技巧等相关知识,以便学生提前作好实习知识储备。

(3)发放实习物品:野外记录簿、实习报告本等。

(4)学生分组,每组5~7人,选定实习小组组长,每组对所负责的讲解线路、讲解景区进行准备工作。

(5)熟悉实习指导书内容,了解实习区旅游资源特征及区域特征。

(6)学生应了解野外记录簿的记录格式。

(二)野外教学阶段

由带队教师带领,与学生一起在野外实习线路中认识,旅游资源及其地学背景、资源开发类型、景区规划等内容,进而强化学生对所学专业知识的理解和应用,提高学生观察问题、分析问题、解决问题的能力。

野外实习路线应根据本教材中所设计的教学线路,选择4~6条教学路线,较为全面地了解实习区旅游资源禀赋及其开发。所需时间为1周左右。在此阶段,线路安排应注意避开周末到热门景区实习,否则由于景区人员拥挤,环境嘈杂,影响实习效果。

(三)室内教学阶段

野外线路教学完成之后,需进行室内教学。为学生讲解旅游市场调研的组织、旅游线路设计等内容以及实习报告撰写内容及要求等。室内教学时间安排为4学时。

(四)学生调研阶段

实习线路教学内容结束后,由学生分组进行旅游市场调研或旅游线路设计。根据实习报告内容和实习进程,学生需在规定时间内完成相应调研内容,初步形成调研成果。时间安排为2~3天。

(五)报告撰写阶段

报告的编写有利于学生总结实习成果,阐述自己的观点,得出相关结论,并提出合理的见解。实习报告需每人提交一份,要求章节内容安排合理,重点突出,逻辑严密,图表表述准确、美观,分析言之有据,建议具有针对性。

实习报告正文内容提纲可参考以下提纲。

1. 前言

实习概况(包括实习目的、内容、实习人员组成、实习时间安排等)。

2. 秦皇岛概况

秦皇岛地理位置、行政区划、自然地理、经济地理特征及旅游发展概况。

3. 实习区旅游资源分类

总结实习线路中观察到的旅游资源类型,并能够进行资源分类(国标分类法)、旅游资源评价(定性评价为主)。

4. 旅游市场分析报告

包括秦皇岛旅游市场特征,游客旅游行为及满意度调查等。

5. 秦皇岛旅游精华线路设计

根据实习区旅游资源开发状况及游客特征,设计秦皇岛旅游产品及精华旅游线路(其中,根据实习任务和具体安排,第4部分及第5部分任选其一)。

6. 秦皇岛旅游发展的相关建议

根据实习所见所闻及资料的收集,结合专业知识,对秦皇岛旅游资源开发、旅游产品、旅游市场等提出自己的见解及建议。

7. 结束语

总结实习所得,阐述实习收获,提出实习改进建议并致谢。

(六)实习总结阶段

实习结束返校后,要及时召开实习总结表彰会,总结实习体会与经验,反映实习效果,评选"优秀实习生"。

二、实习成绩的评定

实习成绩由实习纪律、野簿记录、景区讲解与实习报告综合评定。其中实习纪律占 10%,野簿记录占 20%,景区讲解占 20%,实习报告占 50%。

实习报告的评分主要依据报告结构、报告内容及报告格式综合评定。实习报告内容应突出实习区旅游资源认知,并掌握旅游资源分类与评价的方法;突出旅游资源地学背景分析,同时要能较为全面地反映秦皇岛市旅游市场的基本特征;设计出主题鲜明、有一定需求潜力的旅游线路。

实习报告以 8000~12 000 字为宜。

实习报告采用统一封面,统一格式。A4 纸打印,正文部分正反打印。

报告评定应由带队教师进行打分并签名,存放院系归档。

三、实习报告格式规范

实习报告应具有统一的格式规范,包括封面、注意事项、目录、正文等部分。

报告编写各部分格式规范如下。

(1)封面:采用统一的封面格式,具体见附三。

(2)目录:四号宋体加粗、居中。

目录编排内容采用小四号宋体,1.25 倍行间距,页码编排从前言开始,目录编制三级标题,如第一章、一、(一)。

(3)正文。

章节标题,采用三号宋体,加粗,居中。

一级标题,采用小三号宋体,加粗,首行空 2 格。

二级标题,采用小四号宋体,加粗,首行空 2 格。

正文部分,五号宋体,首行空 2 格,1.25 倍行间距。

(4)插图及表格。

编号:采用如 3.2-1 的形式,其中 3.2 代表第三章第二节,1 代表第 1 个图;表 2.1-1 表示第二章第一节第 1 个表。图表编号各成体系,图名在下,表名在上。图名和表名采用五号黑体,表内文字采用小五号宋体。

参考文献

北戴河实习站[EB/OL].中国地质大学地球科学学院官方网站 http://dxy.cug.edu.cn/content.asp?id=2922.2016-06-29.

共工[EB/OL].吉林大学国学网 http://sjjd.jlu.edu.cn/new_index/html/2005/show-352.htm.2005-12-05.

国家旅游局人事劳动教育司.旅行社经营管理[M].北京:旅游教育出版社,2009.

黄辉实.旅游资源的评价[J].旅游论丛,1986,1(1):41-43.

吉羊.神聊秦皇岛[M].石家庄:河北人民出版社,2007.

贾雪娇.秦皇岛旅游系统空间结构演化及优化研究[D].秦皇岛:燕山大学,2010.

李治.旅行社经营管理[M].武汉:华中科技大学出版社,2010.

林建平,等.北戴河地质认识实习指导书[M].北京.地质出版社,2005.

林建平,赵国春,程捷,等.北戴河地质认识实习指导书[M].北京:地质出版社,2008.

刘春玲,刘岩,许凤莲,等.秦皇岛市旅游资源评价及空间结构研究[J].石家庄师范专科学校学报,2002(2):35-39.

卢云亭.现代旅游地理学[M].南京:江苏人民出版社,1988.

秦皇岛旅游概况[EB/OL].秦皇岛市旅游政务网 http://www.qhdta.gov.cn/govPublicInfo/govPublicInfo_251.html.2015-04-28.

秦皇岛市统计公报(2011—2015)[EB/OL].秦皇岛市统计局 http://www.qhdtjj.gov.cn/tjgb.asp.2016-03-31.

孙志升,齐敏之.北戴河中国现代旅游业的摇篮(2002·中国民间艺术游)[N].人民日报海外版,2002-09-04(6).

王家生.北戴河地质认识实践教学指导书[M].武汉:中国地质大学出版社,2011.

王磊.秦皇岛记忆[M].北京:中国文史出版社,2008.

熊剑平.导游实务与案例[M].武汉:湖北教育出版社,2014.

燕塞湖导游词[EB/OL].应届毕业生网 http://yjbys.com/daoyouci/807221.html.2015-07-09.

杨雪峰,张彦醒.秦皇岛市工业旅游资源开发现状与对策[J].企业研究,2011(14):170-171.

张东明,赵本谦.旅游资源评价方法研究——以秦皇岛三大景区为例[J].燕山大学学报(哲学社会科学版),2008(3):91-93.

赵本谦.秦皇岛城市历史文化旅游资源的旅游开发[D].济南:山东大学,2012.

自然地理[EB/OL].秦皇岛市政府门户网站 http://www.qhd.gov.cn/front/csmpthird.action?id=62371&tid=445&block=6.2016-07-30.

附一

旅游资源分类表（GB/T 18972—2003）

主类	亚类	基本类型
A 地文景观	AA 综合自然旅游地	AAA 山丘型旅游地 AAB 谷地型旅游地 AAC 砂砾石地型旅游地 AAD 滩地型旅游地 AAE 奇异自然现象 AAF 自然标志地 AAG 垂直自然地带
	AB 沉积与构造	ABA 断层景观 ABB 褶曲景观 ABC 节理景观 ABD 地层剖面 ABE 钙华与泉华 ABF 矿点矿脉与矿石集聚地 ABG 生物化石点
	AC 地质地貌过程形迹	ACA 凸峰 ACB 独峰 ACC 峰丛 ACD 石(土)林 ACE 奇特与象形山石 ACF 岩壁与岩缝 ACG 峡谷段落 ACH 沟壑 ACI 丹霞 ACJ 雅丹 ACK 堆石洞 ACL 岩石洞与岩穴 ACM 沙丘地 ACN 岸滩
	AD 自然变动遗迹	ADA 重力堆积体 ADB 泥石流堆积 ADC 地震遗迹 ADD 陷落地 ADE 火山与熔岩 ADF 冰川堆积体 ADG 冰川侵蚀遗迹
	AE 岛礁	AEA 岛区 AEB 岩礁
B 水域风光	BA 河段	BAA 观光游憩河段 BAB 暗河河段 BAC 古河道段落
	BB 天然湖泊与池沼	BBA 观光游憩湖区 BBB 沼泽与湿地 BBC 潭池
	BC 瀑布	BCA 悬瀑 BCB 跌水
	BD 泉	BDA 冷泉 BDB 地热与温泉
	BE 河口与海面	BEA 观光游憩海域 BEB 涌潮现象 BEC 击浪现象
	BF 冰雪地	BFA 冰川观光地 BFB 长年积雪地
C 生物景观	CA 树木	CAA 林地 CAB 丛树 CAC 独树
	CB 草原与草地	CBA 草地 CBB 疏林草地
	CC 花卉地	CCA 草场花卉地 CCB 林间花卉地
	CD 野生动物栖息地	CDA 水生动物栖息地 CDB 陆地动物栖息地 CDC 鸟类栖息地 CDE 蝶类栖息地
D 天象与气候景观	DA 光现象	DAA 日月星辰观察地 DAB 光环现象观察地 DAC 海市蜃楼现象多发地
	DB 天气与气候现象	DBA 云雾多发区 DBB 避暑气候地 DBC 避寒气候地 DBD 极端与特殊气候显示地 DBE 物候景观
E 遗址遗迹	EA 史前人类活动场所	EAA 人类活动遗址 EAB 文化层 EAC 文物散落地 EAD 原始聚落
	EB 社会经济文化活动遗址遗迹	EBA 历史事件发生地 EBB 军事遗址与古战场 EBC 废弃寺庙 EBD 废弃生产地 EBE 交通遗迹 EBF 废城与聚落遗迹 EBG 长城遗迹 EBH 烽燧

续附一

主类	亚类	基本类型
F 建筑与设施	FA 综合人文旅游地	FAA 教学科研实验场 FAB 康体游乐休闲度假地 FAC 宗教与祭祀活动场所 FAD 园林游憩区域 FAE 文化活动场所 FAF 建设工程与生产地 FAG 社会与商贸活动场所 FAH 动物与植物展示地 FAI 军事观光地 FAJ 边境口岸 FAK 景物观赏点
	FB 单体活动场馆	FBA 聚会接待厅堂(室) FBB 祭拜场馆 FBC 展示演示场馆 FBD 体育健身馆场 FBE 歌舞游乐场馆
	FC 景观建筑与附属型建筑	FCA 佛塔 FCB 塔形建筑物 FCC 楼阁 FCD 石窟 FCE 长城段落 FCF 城(堡) FCG 摩崖字画 FCH 碑碣(林) FCI 广场 FCJ 人工洞穴 FCK 建筑小品
	FD 居住地与社区	FDA 传统与乡土建筑 FDB 特色街巷 FDC 特色社区 FDD 名人故居与历史纪念建筑 FDE 书院 FDF 会馆 FDG 特色店铺 FDH 特色市场
	FE 归葬地	FEA 陵区陵园 FEB 墓(群) FEC 悬棺
	FF 交通建筑	FFA 桥 FFB 车站 FFC 港口渡口与码头 FFD 航空港 FFE 栈道
	FG 水工建筑	FGA 水库观光游憩区段 FGB 水井 FGC 运河与渠道段落 FGD 堤坝段落、副坝 FGE 灌区 FGF 提水设施
G 旅游商品	GA 地方旅游商品	GAA 菜品饮食 GAB 农林畜产品与制品 GAC 水产品与制品 GAD 中草药材及制品 GAE 传统手工产品与工艺 GAF 日用工业品 GAG 其他物品
H 人文活动	HA 人事记录	HAA 人物 HAB 事件
	HB 艺术	HBA 文艺团体 HBB 文学艺术作品
	HC 民间习俗	HCA 地方风俗与民间礼仪 HCB 民间节庆 HCC 民间演艺 HCD 民间健身活动与赛事 HCE 宗教活动 HCF 庙会与民间集会 HCG 饮食习俗 HGH 特色服饰
	HD 现代节庆	HDA 旅游节 HDB 文化节 HDC 商贸农事节 HDD 体育节
数量统计		
八主类	31 亚类	155 基本类型

注：如果发现本分类没有包括的基本类型时，使用者可自行增加。增加的基本类型可归入相应亚类，置于最后，最多可增加两个。编号方式为：增加第一个基本类型时，该亚类两位汉语拼音字母＋Z；增加第二个基本类型时，该亚类两位汉语拼音字母＋Y。

附二

秦皇岛游客调查问卷

1. 您来自_____省(市/区)_____县/市(限本省)。
2. 您的性别:(　　)　　A.男　　B.女
3. 您的年龄:(　　)
   A.18岁以下　　B.18～24岁　　C.25～44岁　　D.45～60岁　　E.60岁以上
4. 您的受教育程度:(　　)
   A.初中及以下　　B.高中或中专　　C.大专　　D.大学本科及以上
5. 您的职业:(　　)
   A.公务员　　B.企事业管理人员　　C.工人　　D.科技人员　　E.农民
   F.学生　　G.服务销售人员　　H.离退休人员　　I.军人　　J.个体经营者
   K.其他
6. 您的月平均收入:(　　)
   A.2000元以下　　B.2000～4000元　　C.4000～6000元
   D.6000～8000元　　E.8000元以上
7. 您本次旅游计划花费总额(人均):(　　)
   其中,住宿:_____元;餐饮:_____元;
   购物花费:_____元;门票和娱乐:_____元;
   区内交通:_____元;其他:_____元。
8. 您本次出游目的:(　　)
   A.休闲度假　　B.观光游览　　C.会议、商务　　D.探亲访友　　E.健康疗养
   F.宗教朝拜　　G.文化交流　　H.其他
9. 您的出游方式:(　　)
   A.一个人　　B.与亲友结伴　　C.与同事结伴　　D.单位组织
   E.旅行社组团　　F.其他
10. 您通过何种渠道获得本地旅游信息:(　　)
    A.亲友同事介绍　　B.报刊广告　　C.广播电视广告　　D.旅行社促销　　E.其他
11. 计划在秦皇岛逗留天数:(　　)
    A.一天　　B.两天　　C.三天　　D.四天　　E.五天及以上
12. 您这是第(　　)次来秦皇岛旅游?
    A.1　　B.2　　C.3　　D.3次以上
13. 您在秦皇岛游览参加过的旅游景点(项目)有:
    _____、_____、_____、_____
14. 您认为秦皇岛应重点开发何种旅游?(　　)

A. 观光览胜　　　B. 休闲度假　　　C. 主题文化　　　D. 海滨休闲　　　E. 特色购物
　　F. 其他

15. 您对秦皇岛旅游服务是否满意？（　　）
　　A. 非常满意　　　B. 一般满意　　　C. 不满意　　　D. 非常不满意
　　不满意的原因：（　　）
　　A. 导游　　　B. 司乘人员　　　C. 景区服务人员　　　D. 宾馆服务员　　　E. 个体经营者

16. 您认为本地物价：（　　）
　　A. 偏高　　　B. 合理　　　C. 较低

17. 您认为本地对外交通状况：（　　）
　　A. 方便　　　B. 一般　　　C. 不方便　　　D. 很不方便

18. 您认为景点与市县（乡）交通状况：（　　）
　　A. 方便　　　B. 一般　　　C. 不方便　　　D. 很不方便

19. 您认为本地娱乐设施状况：（　　）
　　A. 齐全、丰富　　　B. 一般　　　C. 不足

20. 您认为还应该增加的活动项目有：（　　）
　　A. 现代化、多元化的娱乐设施　　　B. 景点景区　　　C. 宾馆、酒店等接待设施

21. 您对本地城镇卫生印象：（　　）
　　A. 好　　　B. 较好　　　C. 一般　　　D. 较差　　　E. 差

22. 您对本地城镇绿化印象：（　　）
　　A. 好　　　B. 较好　　　C. 一般　　　D. 较差　　　E. 差

23. 您对本地城镇治安印象：（　　）
　　A. 好　　　B. 较好　　　C. 一般　　　D. 较差　　　E. 差

24. 您对本地居民友好程度印象：（　　）
　　A. 好　　　B. 较好　　　C. 一般　　　D. 较差　　　E. 差

25. 您对本地经济繁荣程度印象：（　　）
　　A. 好　　　B. 较好　　　C. 一般　　　D. 较差　　　E. 差

26. 您对本地旅游的总体印象：（　　）
　　A. 好　　　B. 较好　　　C. 一般　　　D. 较差　　　E. 差

附三

北戴河旅游实习报告

_____专业_____班

学生学号：_____

学生姓名：_____

带队老师：_____

起止日期：　　年　　月　　日至　　年　　月　　日

注意事项

一、此报告为旅游管理专业北戴河地区旅游教学实习专用

二、实习报告内容要求（根据教学大纲，按以下五项撰写）

1.目录　　　2.实习概述　　　3.实习内容　　　4.相关建议　　　5.结束语

三、实习报告书写要求

1.报告应不少于8千字。

2.格式规范，图表清晰。

四、实习成绩评定细则

1.应根据学生实习任务完成情况、野簿记录、实习纪律、实习报告等综合评定。

2.各项成绩在总成绩中所占比例，参照"实习总成绩评定表"规定的比例执行。

3.各项成绩均以百分制计算，然后按五级分折算（优：100～90分；良：89～80分；中：79～70分；及格：69～60分；不及格：60分以下）。

4.实习总成绩评定表：

评定内容 / 得分	实习纪律	实习野外记录	实习讲解	实习报告	综合成绩评定
	有无迟到、旷课、违纪等现象	是否认真记录实习内容，资源点描述等	景点及线路讲解是否全面、生动、准确	综合资源分类、产品设计、问卷调研等内容。报告是否全面，格式是否规范	
百分比	10	20	20	50	
每项得分					

＊有严重违纪或抄袭他人实习报告者，实习总成绩以不及格论处。

指导教师签名：

年　　月　　日

附四

北戴河旅游实习照片

教师讲授滨海地貌旅游景观(鸽子窝公园)
(夏峰 摄,2016)

教师讲授长城文化旅游开发(孟姜女庙)
(夏峰 摄,2016)

教师讲授火山岩旅游地质景观(板厂峪景区)
(李会琴 摄,2016)

学生现场导游讲解(燕塞湖景区)
(肖拥军 摄,2016)

学生现场导游讲解(鸽子窝公园)
(夏峰 摄,2016)

长城脚下(板厂峪景区)
(李会琴 摄,2016)

探海(翡翠岛海域)
(夏峰 摄,2016)

滑沙体验(翡翠岛)
(夏峰 摄,2016)

野外记录(板厂峪景区)
(李会琴 摄,2016)

向往大海(老虎石海滨)
(周玲 摄,2014)

附图一

秦皇岛主要景区分布图

附图二

秦皇岛旅游实习点分布图

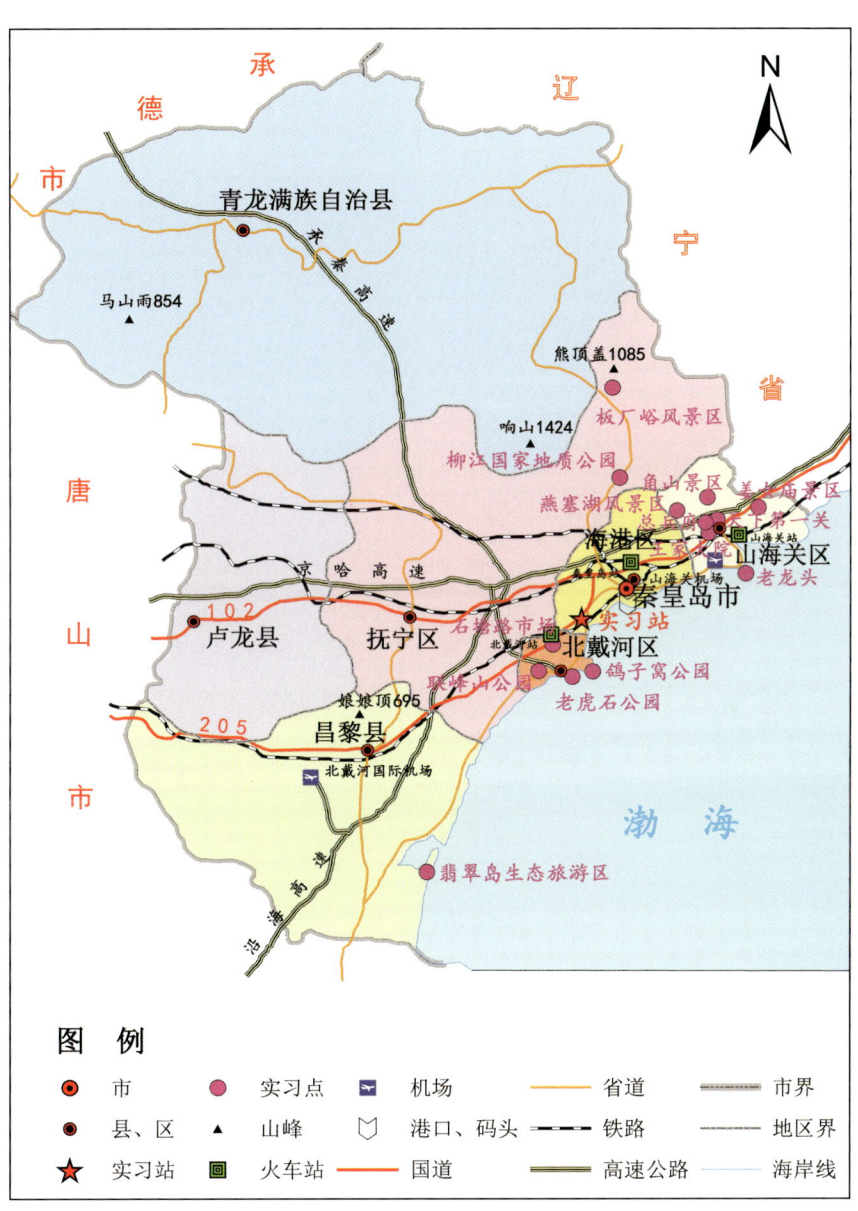